妊娠期間を楽しく過ごす

マタニティ
ハッピーブック

友影九樹　　友影里紗
Tomokage Kuki　　Tomokage Risa

幻冬舎
MC

Prologue

　妊娠が分かったママたちは、かけがえのない小さな命を授かった喜びを噛み締め、これから生まれてくる赤ちゃんへの期待に胸を膨らませていることと思います。

　一方で「体はどう変化していくの？」「妊婦健診って何をするの？」「どんなことに気をつけて過ごせばいいの？」など、初めてのことばかりで不安でいっぱいな人もたくさんいるでしょう。

　でも、そんな気持ちに気を取られて貴重な妊娠期間を楽しめないのはとてももったいないことです。

　私たちの産婦人科クリニックでは毎月50〜60人ほどの赤ちゃんが誕生しています。妊娠の不安を一つひとつ解消して元気な赤ちゃんを迎える瞬間を心待ちにしながら出産を終えたママたちの顔は幸せに満ちており、赤ちゃんはそんなママの胸の上でとても気持ちよさそうにしています。そんなママたちの姿を見て、妊娠が分かってから出産までの約10カ月間、長いようであっ

という間のマタニティライフを目いっぱい
ハッピーに過ごしてほしいと思い、本書の
執筆に至りました。

　この本は、たくさんの写真とイラストで
妊娠・出産の流れが分かるマタニティブッ
クです。
　知っておきたい妊娠・出産の基礎知識を
まとめ、多くのママたちから寄せられる不
安や心配事にもＱ＆Ａ形式で答えました。
　妊娠・出産の楽しみを逃さないポイント
もたくさん詰め込んでいます。

　この本が最高にハッピーなマタニティラ
イフの一助となり、あなたにとって大切な
一冊になればこれ以上うれしいことはあり
ません。

せきレディースクリニック
院長　　友影九樹
事務長　友影里紗

Contents

Chapter.3

元気な赤ちゃんを
迎えるための出産準備

Contents

Chapter.1

写真で分かる
妊娠から出産までの流れ

おなかに
赤ちゃんがいる生活

小さな奇跡。赤ちゃん誕生までのあなたと
赤ちゃんのマタニティダイアリー。自覚は
ないけれど、受精のときからすでにママの
変化は始まっているのです。

ママのおなかの中に宿った小さな命。
赤ちゃんがどのように成長していくのかを
週ごとに見ていきましょう！

ママの体の変化は始まっている！

妊娠初期
〜13週

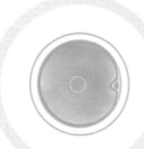

1週目

排卵に備えて卵子が発育します。卵子が入った卵胞を育てるエストロゲンがたくさん分泌され、卵巣では十数個の卵胞が育ち始めます。そのなかで最もよく育った卵胞が排卵の準備を始めます。

最終生理が始まった日を「妊娠0週0日」として数えます。

2週目

排卵された卵子の寿命はおよそ24時間といわれています。このタイミングで精子と卵子が出会うと受精卵になります。受精卵は細胞分裂を繰り返しながら、卵管から子宮へと向かいます。

3週目

受精卵が子宮に到着し着床すると妊娠が成立します。受精卵は自ら妊娠性ホルモン（hCG）を分泌し、子宮内膜の着床を維持していきます。

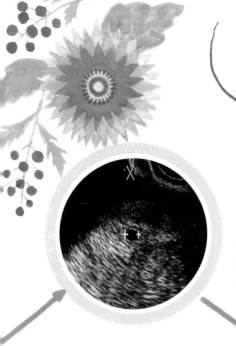

赤ちゃんの心拍が超音波で聞こえる！

4週目

生理周期が28日の場合、次の生理予定日です。

早ければ4週後半から赤ちゃんの入った袋（胎嚢）が確認できます。おなかの中では胎盤ができ始め、ママと赤ちゃんの間で栄養素や酸素、老廃物などのやり取りが始まります。

5週目

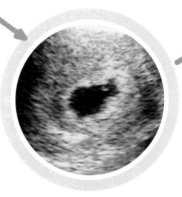

胎芽はとても小さいですが、中枢神経や心臓、脳のもとがつくられています。胎盤を通してママから酸素や栄養をもらうようになるまでは、丸い卵黄嚢が赤ちゃんの栄養源です。胎盤とへその緒が発達していきます。

このころの
赤ちゃんの
大きさ

サクランボ1個くらい
約4g

生理が遅れ、妊娠が分かり始める時期です。眠気や微熱、頻繁な尿意など体調にも変化が見られます。通常生理予定日の1週間後くらいから、超音波画像で胎嚢（赤ちゃんを包むための部屋）が確認できるようになります。

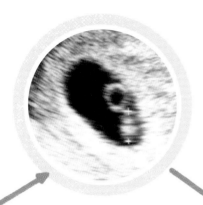

6 週目

聴覚器官や心臓や肝臓などの基本的な内部組織がつくられ始めます。エコーで赤ちゃんの心拍が確認でき、超音波写真では豆粒ですが、実際には目や口、手、足のもとがつくられています。

7 週目

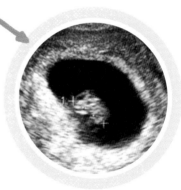

脳や脊髄の神経細胞の約80％がつくられます。胎盤や臍帯のもとになる組織も発達し、羊水が少しずつたまり始めます。頭部と胴の区別がつき、2頭身になり手や足も分かるようになります。

Free Space

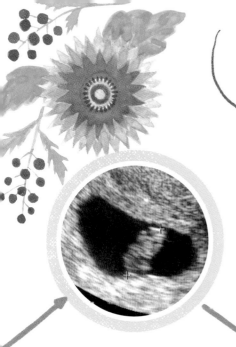

母子健康手帳を
もらったよ！

8 週目

赤ちゃんの手や足の指が分かれて指やつま先ができます。腸が形成され始めますが、赤ちゃんのおなかの中にはまだ十分なスペースがないので、へその緒の中へ移動していきます。

9 週目

胎芽から赤ちゃんの形になり、この時期から胎児と呼ばれるようになります。鼻やまぶたなど顔の小さなパーツが発達し、腸などの消化器官や生殖器官も形成されます。

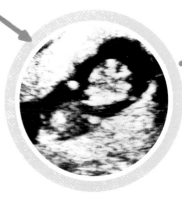

このころの
赤ちゃんの
大きさ

イチゴ1個くらい
約20g

悪阻（つわり）がつらい時期です。焦らず食べられるときに、食べられるものを食べましょう。ただし、水分も摂取できない状況が続く場合は産婦人科を受診してください。また、この時期に出産予定日も確定します。

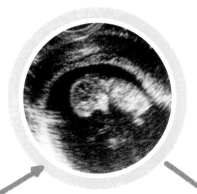

10週目

頭が丸くなってよりヒトの形に近づいてきます。内臓はほぼ完全にできて動きだすようになります。乳歯のもとも形成されます。手足の指は長くなり、手足の指の間にある水かきは消え始めます。

11週目

心臓の拍動が確認できるようになります。また、「原始歩行」と呼ばれる両足を交互に出す動きも見られ始めます。

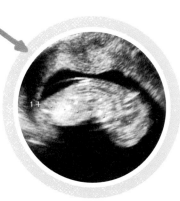

Free Space

おなかが大きく
なってきた

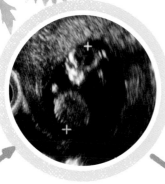

12 週目

ママのおなかが大きく丸くなってきて、外からでも膨らみが分かるようになってきます。赤ちゃんの骨が成長し、臓器や神経といった重要な器官がつくられていきます。

13 週目

胎盤に厚みが出てきて、基本構造の完成まであと少し。胎盤の中央あたりからへその緒が確認できることもあります。

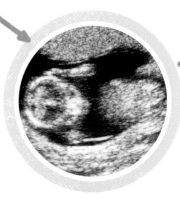

このころの
赤ちゃんの
大きさ

レモン1個くらい
約100g

胎盤ができ始めることにより初期流産の可能性が下がります。つわりもおさまるなど体調が回復する時期です。塩分・糖分を控え、鉄分・葉酸を摂取するなど、バランスの良い食事を心掛けましょう。

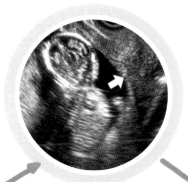

14 週目

**妊娠中期
14〜27週**

体のそれぞれの器官は、さらに発達し背骨や内臓まで見えるようになります。どんどん成長している様子が目に見えると安心できますね。

15 週目

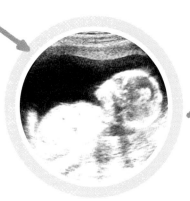

ふっくらした赤ちゃんは体を丸めて画面いっぱいに。羊水も増えてきて、赤ちゃんの動きも活発になります。

Free Space

体形が
変化してくる

16 週目

赤ちゃんは口を開けて羊水を飲むようにな
ります。また、指しゃぶりのようなしぐさが
見られることも。皮下脂肪がつき始め、皮膚
には厚みが出て身体は徐々に丸みが出てき
ます。

17 週目

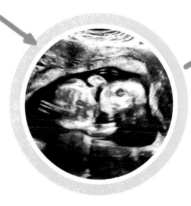

神経が発達し、骨も丈夫になり筋肉がつい
てきます。肩などがしっかりしてきて手足の
動きはどんどん豊かに。赤ちゃんの手足が
子宮壁に触れることで、胎動を感じること
もあります。

このころの
赤ちゃんの
大きさ

グレープフルーツ1個くらい
約300g

骨盤がゆるみ、体形が変化する時期です。おなかも乳房も大きくなるため、ゆったりとした服装を心掛けましょう。おなかが大きくなったことで腰や足の付け根に痛みを覚える人もいます。体調が良い日は、マタニティビクスやヨガなどに挑戦するのもよいでしょう。

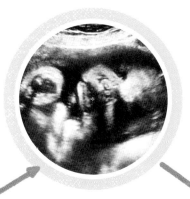

18 週目

赤ちゃんの身長は14cmほど、体重は200gほどに成長しています。指も関節もエコーで見えるほど発達してきます。耳が頭の両側から突き出てきて、成長が早い子はすでに音が聞こえているともいわれています。

19 週目

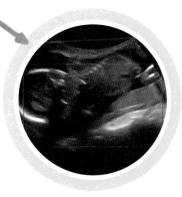

女の子では卵巣が、男の子では精巣が形成されます。小さな手足からは爪が伸びてきます。また、おなかの中で寝たり起きたりする規則的なリズムができ、動きや音で起きてしまうこともあります。

Free Space

20週目

神経ネットワークの発達が著しい時期。神経と脳がしっかり結びついてくることで、五感の働きも高まり、指先でものをつかむこともできるようになります。骨格や筋肉も発達してきます。

21週目

生殖器が発達し、超音波検査でははっきりと性別が分かるようになってきます。外性器の形だけでなく、卵巣、精巣の位置などから判断されます。

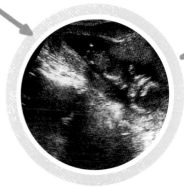

このころの
赤ちゃんの
大きさ

パイナップル1個くらい
（果実部分のみ）

約600g

多くの人が胎動を感じる時期です。腰痛が起こりやすくなったり、おなかを支えるために脚の筋肉に疲労がたまり、こむら返りを起こしやすくなったりします。ナトリウム・カリウムの摂取や適度な運動を心掛けましょう。

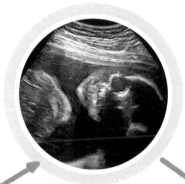

22週目

赤ちゃんは22週を境に「流産」「早産」と区別されています。22週以降は呼吸器の発達が急速に進むため、22週以降になると新生児治療を受ければ生存できる確率が高まります。

23週目

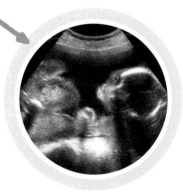

聴覚の発達が目覚ましい時期です。ママの心音や血流の音はもちろんのこと、ママが話しかける声も聞こえるようになってきます。胎動を感じたらそれに応えて話しかけてあげるとよいですね。

Free Space

おなかの中で
元気いっぱい！

24週目

顔立ちがはっきりしてきます。まゆ毛、まつ毛ができて、上下のまぶたが離れ、顔全体も丸みを帯びるため、いわゆる赤ちゃんらしい顔つきに。3D超音波写真ではママ似?、パパ似?と楽しみが増します。

25週目

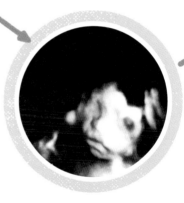

肺の成長が急速に進みます。鼻の穴も開くので、鼻呼吸の練習もできるようになります。生まれてすぐに自分で呼吸できるようにするため、このころから準備が始められているのです。

このころの
赤ちゃんの
大きさ

キャベツ1個くらい
約1100g

おへその上まで子宮が大きくなることで、大静脈が圧迫され、あおむけで寝るのが苦しくなる時期です。横向きになる、抱き枕を使うなどの工夫をしましょう。また、妊娠高血圧症候群や妊娠糖尿病になりやすいため、注意が必要です。

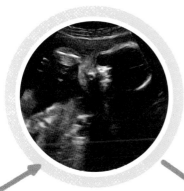

26週目

脳や神経はますます発達し、赤ちゃんは自分の意思で体を動かせるようになってきます。体を伸ばしたり縮めたり、ぐるぐる回ったりと、感覚を楽しみながら動いています。

27週目

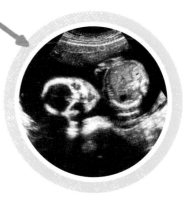

赤ちゃんの動きがますます活発に感じられるようになります。聴覚や反射神経もさらに発達してくるため、大きな音などを感じたときには赤ちゃんがビクッとした反応を示します。

Free Space

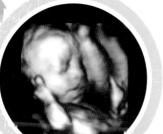

28週目

妊娠後期
28週〜

横隔膜を上下させて呼吸のような運動をし
始めます。生まれたあと自分で呼吸できる
よう練習しているのです。しゃっくりのよう
な動きも呼吸の練習の一つです。

29週目

視神経がさらに発達し、まぶたを閉じたり
開いたりができるようになります。さらに
は、おなかの中が明るい、暗いといったこと
も感じることができるようになっています。

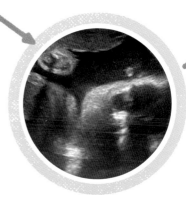

このころの
赤ちゃんの
大きさ

メロン1個くらい
約1700g

大きなおなかで足元が見えづらくなり、前かがみの姿勢もつらくなる時期です。階段などに注意し、周囲の助けも積極的に借りましょう。全身のむくみや静脈瘤が起こりやすくなるほか、便秘や痔にもなりやすくなります。

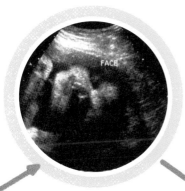

30週目

生まれるときまでに免疫システムが完全に出来上がらないため、それを補うためにこのころからママの免疫が少しずつ赤ちゃんに移行します。これが生後半年間、細菌やウイルスから赤ちゃんの身を守ってくれます。

31週目

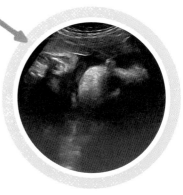

骨格や筋肉がしっかりしてきて、髪の毛や爪も伸び始めます。羊水の量はこのころが最も多く、これからは減っていき、ますます赤ちゃんの体が大きく成長していきます。

Free Space

入院準備をする
時期が来たよ！

32週目

脳はさらに発達を続け、どんどん大きくなっています。脳をおさめる頭蓋骨も広がっていきます。身長が伸び、そろそろ体は4頭身になるころです。脂肪も増えてふっくらしてきます。

33週目

腎臓が発達し、羊水を飲んではおしっことして排出するようになります。しかし、おしっこなどの老廃物は赤ちゃんの腎臓でろ過してへその緒へと送っているため、羊水は無菌で安全です。

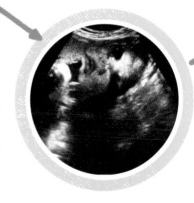

このころの
赤ちゃんの
大きさ

白菜1個くらい
約2400g

子宮がみぞおちあたりまで上がってくるため、胃が圧迫され胃もたれを起こしやすい時期です。赤ちゃんの体重も重くなり、日常生活にも影響が出るようになります。いよいよ来月がお産です。リラックスする練習などお産に向けた準備も進めましょう。

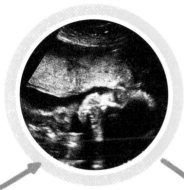

34週目

交感神経、副交感神経といった自律神経の働きも整ってきます。臓器の機能そのものが発達するだけでなく、体のリズムに合わせて機能を調整することができるようになってきました。

35週目

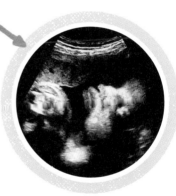

肺の機能はほぼ成熟し、赤ちゃんは呼吸の準備をし始めます。赤ちゃんに会えるよじもう少しです。皮下脂肪はさらに増え、動きにも力が増してくるので、胎動も痛いくらいになってきます。

Free Space

もうすぐ赤ちゃんに
会える！

36週目

脳以外の臓器は十分な大きさに成長し、機能も完成してきました。腎臓がしっかり働いているため体のむくみがとれてすっきりします。今まで体を覆っていた胎脂もはがれてツヤのある肌になります。

37週目

赤ちゃんはかなり大きくなり、おなかの中の余裕はほとんどなくなります。手足の動きは活発ですが、おなかの中で自由には動けなくなります。

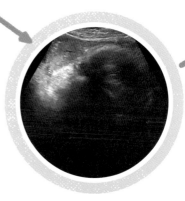

このころの
赤ちゃんの
大きさ

カボチャ2個くらい
約3000g

いよいよ赤ちゃんが生まれる時期です。少しずつ骨盤内へ下がっ
てくるため、胃への圧迫感が減り、食事がしやすくなります。破
水や陣痛など出産の兆しに気をつけつつ、リラックスして生まれ
てくるのを待ちましょう。

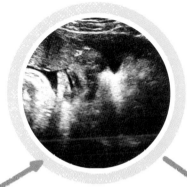

38 週目

いつ生まれても大丈夫なくらいに赤ちゃん
の体は十分に成長しています。分娩に備え
て両腕を胸につけて体を丸め、これから少
しずつ骨盤内に入っていきます。

39 週目

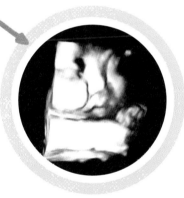

骨格も完成し、骨もかたくなっていますが、
産道を通るために頭蓋骨はまだやわらかめ
です。もし40週を超える場合は、あせらず
に医師の指示に従いましょう。

Free Space

ワクワクがいっぱい！産院探検

これから赤ちゃんが生まれるまでの日々をともに過ごす産院。赤ちゃんの泣き声も聞こえてきて、とても幸せそうな空間です。赤ちゃんとの対面を想像しながら、産院探検に出かけましょう！

待合室

不安がいっぱいのママたちの緊張を少しでも和らげようと工夫が満載の待合室。上の子がいるママのためにキッズスペースがある医院も多いです。

1

診察室

主治医と一緒に超音波の映像を見ながら、赤ちゃんの成長の様子を確認します。日頃から気になっていた質問は、このときに聞いて不安を解消しましょう。

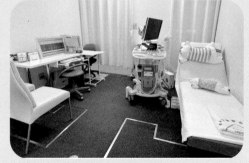

2

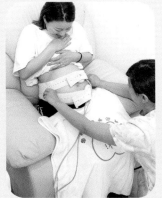

NST（ノンストレステスト）

赤ちゃんの心拍数を図りながら、赤ちゃんが元気かどうかを調べます。助産師と直接話ができる良い機会ですので、不安や悩みがあるときは遠慮なく相談しましょう。

LDR

産院によっては入院してから出産後しばらくの間を過ごすLDRと呼ばれる部屋もあります。LDRとは、陣痛・分娩・回復の頭文字を取ったもので、ベッドが分娩台になり、移動することなく、リラックスした空間で出産できるのが魅力です。

入院室

出産して体調に変化がなければ入院室に入ります。赤ちゃんのお世話をしながら、退院までをここで過ごします。

6 食事

出産後の疲労を回復し、退院後すぐに
始まる育児に備えて、しっかり食べて
おきましょう。ゆっくり食事をできる
のは今だけです。

7 エステ室

リラックスプログラムのアロママッ
サージ施術を受けることができるお部
屋です。ヒーリング音楽の流れる落ち
ついた空間で、産後の疲れた体を癒や
すことができます。

Chapter.2

妊娠中のママと赤ちゃんの
変化を記す
マタニティダイアリー

妊娠2カ月

4〜7週

もしかして妊娠？
体と心に変化が始まります

このころの赤ちゃん

身長：約1cm
体重：約4g
※この月の最終週のものです

「胎芽」と呼ばれ、しっぽやエラなど魚のような姿です。7週ごろには2頭身で手足の区別もできるようになります。

ママの体の変化

妊娠が判明する前から、眠気やだるさ、便秘など生理前のような症状が続く人もいます。早い人ではつわりも始まります。

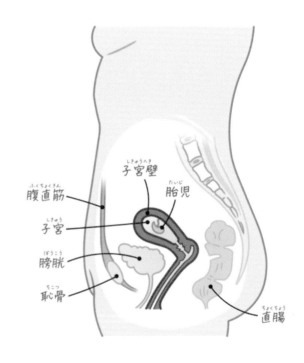

腹直筋 （ふくちょくきん）
子宮壁 （しきゅうへき）
胎児 （たいじ）
子宮 （しきゅう）
膀胱 （ぼうこう）
恥骨 （ちこつ）
直腸 （ちょくちょう）

※妊娠1カ月目はほとんどの人が体の変化に気づかないため、
本書では妊娠2カ月目から記載しています。

この時期に気をつけること

流産しやすい時期でもあります。激しい運動や重いものを持ち上げるなど、体に負担のかかる行動は避けましょう。流産は月経と同じような出血のため、自分では気がつかないこともあります。

このころは、おなかの赤ちゃんの中枢神経（脳・脊髄）や内臓、目や耳などの器官がつくられる時期です。この時期に薬の影響を受けると、胎児に影響を与えてしまうこともあります。市販の薬も独断では服用せず医師に相談し、妊娠前から継続的に飲んでいる薬があれば、妊娠が分かった時点で必ず主治医に相談しましょう。

くき先生（院長）

市販の妊娠検査薬で確認したら、できるだけ早く受診をしてください。子宮内に赤ちゃんの袋（胎嚢）が確認でき、赤ちゃんの心拍の動きが確認できれば一安心です。このころは赤ちゃんの体の各器官ができ始める時期です。少しずつ変化する体調に合わせて、無理のないよう過ごしてください。

りささん（事務長）

赤ちゃんを授かってうれしい一方で、いざ妊娠が分かると、「こんな私でもママになれるのかしら」という不安に襲われるものです。一つの命を預かって、守って育てていけるのか、漠然とした悩みはもって当然です。ささいな心配事でもよいので主治医だけでなく、産院スタッフも頼ってくださいね。

妊娠2カ月

Point

お酒、たばこは
すぐにやめましょう

妊娠が分かったばかりのママが生活上で気になるのが、お酒、たばこ、カフェイン、薬についてです。赤ちゃんの体の基礎がつくられているこの時期は、ママが口にしたものは赤ちゃんの発育に影響を及ぼす可能性が少なくありません。お酒、たばこは妊娠が分かった時点でやめましょう。カフェインはできるだけ控えめに。薬は使用前に必ず主治医に相談してください。

出血に気づいたら受診を

妊娠が分かる前後に少量の出血が見られることがあります。これは受精卵が子宮内膜に着床したときに見られる出血で心配のないものなので安心してください。流産につながるような出血ではない場合も多いのですが、念のため少しでも出血やおなかの痛みがあれば、すぐに受診してください。

葉酸を
積極的にとりましょう

ビタミンB群の一種である葉酸という栄養素は、赤ちゃんの細胞の増殖に欠かせないものです。妊娠初期に十分に摂取することで、赤ちゃんの神経に生じるリスクを低減させることが分かっています。妊娠判明後でも遅くないので、初期のうちはサプリメントや食事から摂取することを心掛けてください。多く含まれている食べ物は、ほうれん草、ブロッコリー、いちごなどです。

母子健康手帳や
マタニティマークの楽しみ

妊娠が分かったら自治体の役所に妊娠届を出し、母子健康手帳をもらいます。そのときにバッグなどにつけられるマタニティマークももらえます。マタニティマークは駅や航空会社のカウンター、雑誌の付録などでも入手できます。かわいい母子健康手帳ケースを用意したり、マタニティマークをデコレーションしたりと、マタニティ生活を楽しくしているママたちもたくさんいます。

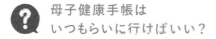
Q&A

❓ 母子健康手帳は いつもらいに行けばいい?

妊娠を確認するための初診は、多くの場合妊娠6〜8週です。妊娠初期のうちは体調が落ちつかずもらいに行きにくい、流産の心配がなくなってからもらいたいという人もいるかと思います。ただ、母子健康手帳と一緒に妊婦健診の助成券ももらうので、妊娠10週くらいまでにはもらいに行くとよいでしょう。

❓ 生ものは食べていい?

妊娠すると普段より細菌に感染しやすくなるため、食中毒にもかかりやすくなります。また、魚のなかには水銀を多く含むものもあります。生ものすべてが絶対に禁止というわけではありませんが、マグロ、牡蠣、生ハム、スモークサーモン、十分に火を通していない肉、ナチュラルチーズなどには注意が必要です。

❓ 涙もろくなったのは 妊娠のせい?

「マタニティブルー」と呼ばれるのは医学的には産後のことです。でも、妊娠中、特に妊娠したばかりのときはホルモン変動が大きく、これからどうなるんだろうという漠然とした不安などから、気持ちが落ち込むこともあります。これは自分の行動や考え方のせいではありません。そのまま受け止め、聞いてほしいことがあれば、パパや信頼できる人に話してみてください。

❓ レントゲンを 撮ってしまいました

レントゲン(X線)検査で使用する放射線を大量に浴びると赤ちゃんに影響があるといわれています。健康診断で受けた程度なら心配いりません。妊娠が分かってからは、検査前に必ず妊娠していることを伝えてください。

妊娠2カ月
4〜7週

健診で聞きたいことメモ
- Ⓐ
- Ⓑ
- Ⓒ
- Ⓓ

健診コラム

妊娠が確認できても、赤ちゃんの心拍が確認できるまでは1〜2週間ごとに受診することが多いです。赤ちゃんの心拍が確認されれば、妊娠初期に行うべき検査を受けます。特に血液検査は種類が多く、貧血、血糖値、性感染症、風疹抗体、B型肝炎、C型肝炎、血液型、子宮頸がんなどの検査が行われます。

健診費用は助成が受けられるので、妊娠継続が分かったら早めに自治体の窓口に妊娠届を出し、母子健康手帳を交付してもらいます。交付時に健診助成券がもらえます。助成の対象になる検査項目は自治体によって異なるので、よく確認をしてください。今後、里帰り出産や転居などで自治体が変わる場合、助成券を引き換える必要があるため、注意が必要です。ペットを飼っている場合などは寄生原虫のトキソプラズマに感染していないかの検査を行うこともあります。

Memo & Diary

- 妊娠が分かった日　　　　年　　月　　日

- 妊娠が分かったときの気持ちは?

- 初めて超音波写真を見たときの気持ちは?

エコー写真を貼りましょう!

妊娠3カ月

8〜11週

つわりはピークに。
赤ちゃんはより人間らしく

このころの赤ちゃん

身長：約5cm
体重：約20g

「胎児」になり、心臓など重要な臓器が出来上がります。目・鼻・口、手足もできてきて人間らしい姿になります。

ママの体の変化

つわりがひどくなる人も増えます。まだおなかは大きくなりませんが子宮は鶏卵大から握りこぶし大へと大きくなり、足の付け根が痛む人もいます。

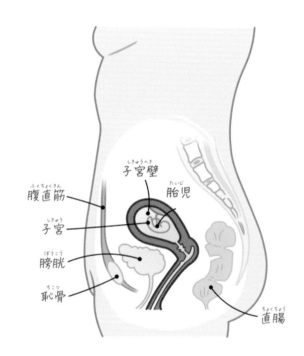

子宮壁

腹直筋

胎児

子宮

膀胱

恥骨

直腸

この時期に気をつけること

里帰り出産を考えている人はパパや家族と相談し、出産する産院の検討を始めましょう。仕事をしている人は、職場の上司にも報告しておきます。

つわりで今までと食べ物の好みも変わってきますが、食事の間隔を短くして小分けにする、冷やすと食べやすいものにするなど工夫することで乗り切ることもできます。食事時間も、無理に家族に合わせずマイペースで、小さなおにぎりやクッキーなど食べられるものを食べるようにしましょう。

くき先生（院長）

つわりでママの体はつらくても、赤ちゃんが順調に育っているサインです。超音波写真でいちばんかわいらしい姿が見られるのもこのころ。手足をパタパタさせて元気に動いている姿がママを励ましてくれます。赤ちゃんを育てるために血液の循環量が増え、めまいや立ちくらみも起こりやすいので無理せず休める時間をつくりましょう。

りささん（事務長）

つらいと思われがちなつわりですが、食べ物の好みが変わったり、それまではあまり好きではなかった食べ物を食べたくなったりして、あとで振り返るとなかなか面白い時期です。マタニティ生活の最初の不思議体験かもしれません。妊娠期間中は普段とは違う自分に会えることがたくさんあります。子どもが大きくなったら話して聞かせてあげてくださいね。

妊娠３カ月

Point

 つわりで食べられなくても 大丈夫

つわりは早い人で妊娠が分かるころから始まり、7〜11週ごろにピークを迎え、12〜17週ごろには落ちついてきます。症状は個人差が大きく、強い吐き気を伴う人、においに敏感になる人などそれぞれです。ママが食べられなくても赤ちゃんは卵黄嚢という栄養の素をもっているので発育に影響はありません。水も受けつけなくなったときは点滴が必要なので受診してください。

つわりを乗り切る 食べ方のコツ

つわりでつらいときは、食べやすいものを見つけることも大切です。果物はビタミンも多く、水分補給にもなるのでおすすめです。また、においがダメなときは食べ物を冷たくすると食べやすくなります。一度に食べにくいときは、少量ずつこまめに食べてみてください。鉄や葉酸のサプリをとるのもよいでしょう。

 便秘も 赤ちゃんを守る働きのため

妊娠初期の便秘は、流産させないようにするホルモンの働きが腸の働きも弱めてしまうことで起きます。つわりによって食べる量が減ることもまた、腸の働きを弱めています。規則正しい生活をする、食物繊維をとるなどの一般的な便秘解消法はこの時期実行が難しいかもしれません。長引いてつらいときには主治医に相談してください。

職場への 妊娠報告は早めに

仕事をしているママはこの時期に職場に報告することが多いようです。負担の少ない業務への変更や時短勤務を望む場合は、早めの報告がベター。妊娠中は予想外の体調不良も考えられるので上司や同僚、仕事でつながりのある人への報告も必要になります。産休、仕事復帰の時期の希望も伝えます。体調が悪いときは、母性健康管理指導事項連絡カードの利用が便利です。

Q&A

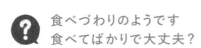

❓ 食べづわりのようです 食べてばかりで大丈夫?

おなかがすくとムカムカしてくる場合は、少量ずつ小分けにして食事をとるとよいです。自分では「食べてばかり」と思っていても、妊娠前の食欲旺盛なときに比べれば、食べている総量は実はそれほど多くないことがほとんどです。この時期は、栄養や量などはあまり気にせずに、食べられるものを食べて、水分補給を忘れずにしてください。

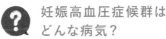

❓ 妊娠高血圧症候群は どんな病気?

ママの体は赤ちゃんを育てようと子宮へたくさんの血液を送り込んでいるために、妊娠中は血管への負荷が高まっています。そのために血圧が上がったり、尿たんぱくが出たりすることがあり、このような名前がつけられています。重症化すると母子への影響が出てきますが、妊婦健診をきちんと受けていれば悪化する前に発見でき、適切な治療を受けることができます。

❓ 妊娠糖尿病は どんな病気?

妊娠中に特有の病気で、糖尿病には至っていないものの、妊娠が原因で起こる糖代謝異常のことをいいます。血糖値が高くなり出産までそのままだと、赤ちゃんは体の機能は未熟ながらも体は大きくなる巨大児になりやすいという心配があります。ただこの病気も、妊婦健診で尿糖の値を調べているので、早めに見つけて適切な治療を行っています。

❓ 出生前診断は 受けたほうがいい?

高年出産の場合、ダウン症などの染色体異常の可能性が少し高まることで、出生前診断を受けるかどうか悩む人もいます。検査法にはいくつかありますが、妊娠9～16週ごろに行います。検査を受けるかどうか、受けた場合の結果はどう受け止めるかなどよく考えたうえで、選択してください。

妊娠3カ月
8〜11週

健診で聞きたいことメモ

- ○
- ○
- ○
- ○

健診コラム

妊娠初期に必要な検査がひととおり終わったあとは定期的に行われる
検査を受けていきます。血圧や体重は診察前に自分で計測しておく施
設もあります。尿検査では尿たんぱくや尿糖が出ていないかを調べま
す。内診では子宮の大きさやかたさなどを調べていますが、特に問題
がないときは行わない場合もあります。超音波検査は膣内にプローブ
を挿入して行う検査です。超音波検査では赤ちゃんの大きさ、発育具
合を診るほか、赤ちゃんの首の後ろにみられる浮腫の厚さ（NT）によっ
て染色体異常の疑いがあるかどうかを診ます。

この時期はつわりがつらいころです。水分摂取も難しいときは点滴治
療が必要なので医師に相談してください。里帰り出産をしたい場合に
は、この時期に一度相談をしましょう。分娩予約が早い時期に締め切
られる産院もあるので要注意です。

Memo&Diary

- 職場に報告した日

- 産休・育休の希望

- 食べ物の好みの変化

エコー写真を貼りましょう!

妊娠4カ月

12 〜 15週

つわりは落ちつき、
胎盤の完成が間近

このころの赤ちゃん

身長：約16cm
体重：約100g

筋肉や骨が発達してきます。胎盤がほぼ完成するため、栄養はママから胎盤、へその緒を通して運ばれます。

ママの体の変化

流産の心配は減り、つわりも落ちついてきて、体のだるさもなくなり、妊娠後ようやく一息つける状態に。羊水が増えて子宮も大きくなってくるので、おなかも膨らみ始めます。

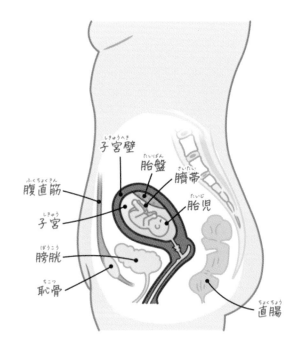

子宮壁
胎盤
臍帯
腹直筋
胎児
子宮
膀胱
恥骨
直腸

この時期に気をつけること

つわりがおさまってくるので、食事がおいしく感じられます。しかし、食べ過ぎには注意が必要です。甘いものや油分の多いものを控え、不足しがちな、カルシウムや鉄分を多く含む食品をとるよう心掛けるようにしましょう。

赤ちゃんはへその緒を通してママから酸素や栄養を受け取り、老廃物や二酸化炭素をママに返すようになります。ママとの結びつきもこれまで以上に強くなります。ママが食べたものは、赤ちゃんも一緒に食べているのと同じです。バランスの良い食事を心掛け、多くの栄養素をとるためにも少量ずつたくさんの種類の食材を食べるようにしましょう。

甘いものを我慢し過ぎてストレスになるのも考えものなので、限度を決めて食べましょう。

くき先生（院長）

つわりを含め、妊娠初期の体調の不安定さからは徐々に解放されてきます。心身が落ちついたところで、栄養のこと、体調管理のことなどこれからのことにも目を向けられるようになると思います。パパとも妊娠中の生活、産後の生活について具体的な展望を話せる機会をもってみてください。

りささん（事務長）

つわりがおさまってくると、いよいよおなかが大きくなり始めます。マタニティウエアをどうするかということも妊娠中の楽しみの一つです。気分が良くなれば気持ちも明るくなり、妊娠中にどんな楽しいことをしてみたいか、あれこれ考えてみたくなりますよ。

妊娠4カ月

Point

 栄養にも注意を

胎盤が完成して、赤ちゃんはママから栄養をもらうようになります。ママの口に入れるものもこのころから注意したいポイントです。妊娠高血圧症候群や妊娠糖尿病予防のために塩分は控えめにし、貧血予防のために鉄分を積極的にとることが鉄則です。脂質のとり過ぎにも注意して、料理の仕方を工夫してみてください。

 過度な体重制限はNG！

妊娠中の食事で大切なのは、普段と同じ食事量を心掛けることです。過度な食事制限は母体、胎児の栄養不足を招き、胎児の発育に影響を及ぼします。普通体重（BMI18.5 〜 25程度）の人なら10 〜 13kg増を目安にするようになっています。
※BMI＝体重kg÷身長m÷身長m

 体形の変化に合わせたウエアやインナーを

妊娠するとおなかまわりだけでなく、ヒップがおなかを支えるようどっしりとし、乳腺が発達してバストもサイズアップします。ウエアやインナーのなかでもパンツ、スパッツなどは体形の変化にも対応できるものがよいと思います。羽織物などは産後も着られるゆったりしたふだん着をうまく組み合わせてもよいですね。

 マイナートラブルが起きるように

おなかや乳房が大きくなることによって、腰や肩、足の付け根に痛みを感じるようになったり、静脈瘤、足のつり、頻尿や尿漏れを起こしたりします。ホルモンの影響で色素沈着が起こり、シミやそばかすが増えたり、顔周りの肌が荒れたり、おへその下の毛が濃くなったりすることもあります。これらの変化は妊娠経過や赤ちゃんに影響はありません。

Q&A

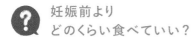

妊娠前より
どのくらい食べていい?

非妊娠時の適切なエネルギー量は年齢や身体活動量(体を動かす仕事かデスクワークかなど)で定められています。それに加えて妊娠初期は＋50kcal、中期は＋250kcal、後期は＋450kcalです。厳密に日々、カロリー計算をする必要はありませんが、プラス分が普段よく食べるものでどのくらいになるか調べておくと摂取カロリーの目安になります。

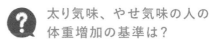

太り気味、やせ気味の人の
体重増加の基準は?

太り気味、やせ気味といっても程度によりますが、新しい目安ではやせ気味の人で12〜15kg増、太り気味の人では7〜10kg増になっています。極端にやせている、太っている場合は主治医が相談に乗ってくれます。一緒に自分に合ったコントロール法を見つけましょう。

口の中が
不快に感じるけど大丈夫?

妊娠中は唾液の分泌が増え、歯茎からも出血しやすくなっていて、不快と感じることが増えるかもしれません。妊娠初期はつわりのために歯磨きが行き届かないことも原因の一つです。妊娠中は歯科治療も難しくなるので、歯周病や虫歯予防のためにも、つわりが落ちついたら丁寧に歯磨きをすることが大切です。

自転車・車の運転はいい?

自転車はバランスを崩しやすいので、おなかが大きくなる前にやめておくほうがよいです。自動車の運転も、集中力が切れやすくなる場合があり、できれば家族などに代わってもらえるとよいのですが、生活の足となっている場合はなかなか難しいものです。眠いとき、体調が悪いときは避け、シートベルトやハンドルの位置に注意して運転しましょう。

妊娠4カ月

12 〜 15週

健診で聞きたいことメモ

健診コラム

胎盤が完成し、体調が落ちついてくるため、ここまで頻繁に診察が行われていた人でも、ここからは4週に一度の健診となることが多くなります。健診で行われる検査は妊娠3カ月のときと同じですが、出生前診断を受けたい場合は妊娠9〜16週で行われるため、まずは主治医に相談してください。

毎回行われる検査のほか、おりものが多い、においが気になる、かゆみを伴うなどの症状がある場合は、膣分泌物検査が行われることもあります。何らかの感染が起きていると流・早産を招く心配があるので、早期発見・早期治療を行うためです。施設によって時期が違ったりするので、確認しましょう。

Memo & Diary

- マタニティ期間のファッションはどうする?

- 放置した虫歯や痛み、気になるところは?

- 健診間隔が長くなります。この間の心配事はここに書き留めて、
  次回の健診で質問してみましょう。

エコー写真を貼りましょう!

妊娠5カ月

16 〜 19週

おなかはふっくらと
早い人は胎動を感じる

このころの赤ちゃん

身長：約25cm
体重：約300g

骨や筋肉がさらに発達し、皮下脂肪もつき始めるため、おなかの中での動きは徐々に活発に。神経回路も発達しています。

ママの体の変化

おなかがだんだん大きくなってきて、丸みを帯びた体形になってきます。シミやそばかす、乳輪などに色素沈着が起こりやすくなってきます。早い人は胎動を感じることもあります。

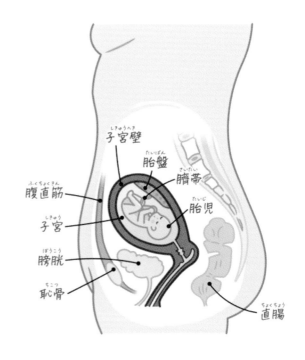

子宮壁

胎盤

臍帯

腹直筋

子宮

胎児

膀胱

恥骨

直腸

この時期に気をつけること

妊娠中期に入り、胎盤が完成するため「安定期」と呼ばれます。歯科健診や歯の治療などは、この時期に済ませておきます。

おなかはより大きくなって腰痛になりやすく、立ちくらみやむくみが起きやすくなります。また乳腺が発達して母乳のようなものが少し出ることがあります。

日本では妊娠5カ月の戌の日に神社などで安産を祈願して腹帯を巻き始める風習があります。体調がよければウォーキングやマタニティヨガ、スイミングなど、息が上がらず疲れない程度で体を動かすのもいいでしょう。

くき先生（院長）

体調が落ちついてきたからと、今まで延期になっていた予定をこなしたり、行き届かなかった家事に着手したりと、無理をしがちな時期です。おなかが大きくなり、少しずつ体全体への負荷が高まっていくことを忘れないでください。大きな体調不良はない代わりに、小さな不調が少しずつ増え始めていくころです。

りさん（事務長）

妊娠経過が順調なら、このころからマタニティスポーツを行ってもよいという許可が出るころです。スポーツ経験のない人でも無理なく始められるものもありますから、妊娠中でないと味わえない楽しみを探してみてください。マタニティフォトも、おなかが大きくなってくると、撮影のたびにわくわくします。

Point

医学的に「安定期」はない

妊娠5カ月になると「安定期に入った」といわれることが多いのですが、医学的に「安定期」というものはありません。たとえば旅行に行っても、妊娠前と比べて体調の変化が起きやすく、海外で受診したら高額な医療費を請求された、ということも実際によくあります。旅行がNGなわけではなく、何かあったときに対応できる場所を選ぶ必要があります。

今ドキの安産祈願

伝統的な安産祈願は妊娠5カ月の戌の日にお参りをして、そこで授与された腹帯を巻くというものでした。さらしの腹帯でおなかを支え腰痛を防ぐという目的もありましたが、今その役目を果たすのは妊婦用ガードルなどです。安産祈願は神社に参拝するだけでなく、ベビーシャワーなど楽しいものも増えています。

母親学級・両親学級は積極的に参加する

このころから母親学級やパパと参加できる両親学級に参加することも多くなります。これらは、出産や育児について学べるよいチャンスです。産院主催のものなら、助産師などのスタッフと親しくなるきっかけになり、自治体主催のものなら、地域情報にも触れることができます。パパと出産や育児の話をするいい機会になります。

里帰り出産は事前準備が大切

里帰り出産をする場合は、転院先を決めておくことが必要です。地域によって産院事情が異なり、都市部でも分娩予約を早めに締め切るところがあります。分娩予約は初期のうちに余裕をもってしておきましょう。移動手段や実家でのベビーグッズなどの手配は妊娠中期に行います。

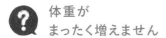

Q&A

❓ 体重が まったく増えません

つわりがひどかった人などは、妊娠前よりも体重が減っていることがあります。つわりが落ちついたからといってなかなか体重が増えてこなくても、健診では赤ちゃんの発育状態も見ていますから、問題があればすぐに分かります。そのために無理にたくさん食べようとしなくて大丈夫です。

❓ 乳頭から 液体がにじんできます

生まれた赤ちゃんが飲む母乳の準備が着々と進んでいる証拠です。このあと少しずつ母乳のような白っぽい液体がにじむようになります。なるべく刺激せずに優しく保護しておきましょう。乳房が必要以上に張ってきたり母乳の分泌量に不安を感じたりする場合は、病院スタッフに相談してください。

❓ あおむけに寝ると 苦しくなります

大きくなってきたおなかが血管を圧迫するためです。左側を下にして、足の間にクッションを挟んで寝ると楽になります。まだという人も、さらにおなかが大きくなってきたときに楽な姿勢ですから、覚えておいてください。

❓ パパのたばこは 影響ありますか？

ママが禁煙できたとしても、パパがすぐそばでたばこを吸っていると、その煙を吸い込むことで赤ちゃんに影響が及びます。パパも一緒に禁煙できればよいのですが、無理な場合は家の外で吸うようにして、ママが煙を吸い込むことがないようにしてください。

妊娠5カ月

16 〜 19週

健診で聞きたいことメモ

-
-
-
-

健診コラム

この時期からの超音波検査は基本的におなかの上からプローブを当て
て診る腹部超音波検査になります。ただし、流産の兆候が見られる場合
などには、経腟超音波検査によって子宮頸管の長さを調べることもあり
ます。長さが短くなっていると流・早産のリスクが高まっているとして、
自宅安静や入院安静が必要になります。

また、この時期からはメジャーを使って腹囲や子宮底長を測ることもあ
ります。以前は必ず行われていた検査ですが、最近では毎回超音波検査
を行い、そこで測ることで行わない施設もあります。浮腫検査は、むく
みの程度を診る検査です。妊娠高血圧症候群の前兆としてむくみが起
こることがあるためです。足のすねを指で押して、その戻り具合でむく
みの度合いを診ています。

Memo & Diary

- マイナートラブルはある?

- 里帰りはする?

転院先

里帰り予定日　　　　　　年　　　月　　　日

エコー写真を貼りましょう!

妊娠6カ月

20 〜 23週

骨格や筋肉が発達
胎動もしっかりしてくる

このころの赤ちゃん

身長：約30cm
体重：約600g

体の細かい部分まで発育
し、顔立ちもはっきりして
きます。聴覚が発達してく
るので外の音も聞こえるよ
うになります。

ママの体の変化

大きなおなかの影響だけで
なく、出産に向けて骨盤が
ゆるみ始めるために腰痛に
なりやすくなってきます。
また、多くの人が胎動を感
じ始めるようになります。

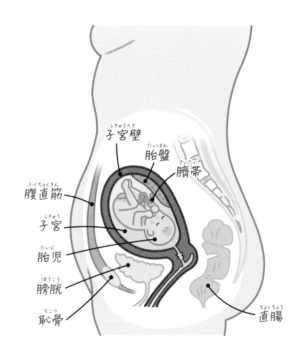

子宮壁（しきゅうへき）
胎盤（たいばん）
臍帯（さいたい）
腹直筋（ふくちょくきん）
子宮（しきゅう）
胎児（たいじ）
膀胱（ぼうこう）
恥骨（ちこつ）
直腸（ちょくちょう）

この 時 期 に 気 を つ け る こ と

赤ちゃんは、骨格や筋肉が発達してきて、今まで以上に元気に活発に動きだします。胎動もかなり強く感じられるようになります。胎動の感じ方には個人差があり、弱く感じる人もいます。あまり感じないからといって、赤ちゃんの元気がないわけではないので、安心してください。いずれしっかりとした胎動を感じることができるでしょう。

胎動があれば、おなかをなでたり、話しかけたりしてコミュニケーションを楽しみましょう。赤ちゃんとのふれあいは、ママのリラックスにもつながります。

くき先生（院長）

赤ちゃんは急激に大きくなり、超音波写真では顔がはっきり映し出されるようになり、ママやパパを喜ばせてくれます。胎動も感じるようになり、赤ちゃんがいることをより実感できるようになります。おなかも急にせり出してくるころなので、バランスを崩して転倒しないように気をつけてください。

りささん（事務長）

赤ちゃんは耳も聞こえてきて、ママが動いたときの振動も感じるようになっています。ママも胎動によって赤ちゃんといつも一緒にいることを感じられるようにもなるので、このころからは自然にコミュニケーションを取りたくなりますよ。そろそろ性別も分かってくるので、買い物がてらベビー用品の下見をするのも楽しい時期です。

妊娠6カ月

Point

 胎動を感じ、
赤ちゃんの成長を実感

赤ちゃんが子宮の壁にぶつかるようになり、それを胎動として感じることができます。最初はピクピクとしたような感じで、胎動なのか分かりにくいかもしれませんが、次第に力強くなり、これが胎動と実感できるようになります。動きが大きくなってくれば、パパがおなかに手を当てても分かるようになります。

 妊娠線の予防ケア

妊娠線というのは、おなかにできる赤みのある線です。急激におなかが大きくなるために、皮膚の表面が引き伸ばされて生じます。予防法としては急激な体重増加を避け、保湿クリームを塗って皮膚を乾燥させないことですが、肌質によってはどんなにケアをしてもできてしまうこともあります。産後半年くらいで色はなくなるので、できてしまってもあまり心配いりません。

 赤ちゃんの性別が
分かり始める時期です

赤ちゃんの性別は受精した瞬間に決まっていますが、外性器がはっきりしてくるのがちょうどこのころです。超音波検査のときに外性器を確認することで分かりますが、赤ちゃんの向きや位置によっては、見えないこともあります。また、男の子と思われていたのに生まれてみたら女の子だったり、その逆もあったりして、超音波で目視したことは必ずしも確実ではありません。

 たくさん話しかけよう

このころには赤ちゃんの耳は聞こえ、肌感覚も発達するため、ちょっとした振動も感じているはずです。おなかを触りながら赤ちゃんにたくさん話しかけてあげてください。胎児ネームをつけて呼び掛けるのもよいですね。初めのうちは話しかけることが照れくさいかもしれません。そんなときは絵本の読み聞かせをしたり、歌を歌ってあげたりしてもよいと思います。

Q&A

 胎動が少ないようです

赤ちゃんは寝たり起きたりを繰り返しています。寝ているときはあまり動きませんし、ママがほかのことに熱中しているときは胎動にも気づきにくいものです。ただ、それまでよく動いていたのに、しばらくしても動きを感じられない場合は、受診してみてください。

 赤ちゃんが苦しがっている？

赤ちゃんが動き過ぎる場合、赤ちゃんが苦しがっているのかと心配するママも少なくありません。赤ちゃんの動き方には個人差が大きいので、活発なのが通常どおりなら心配はいりません。普段はおだやかな動き方の赤ちゃんなのに、急に激しい動き方をしているときは、念のため受診してください。

 しゃっくりしているみたいです

ヒクッ、ヒクッという規則的な動きは、赤ちゃんのしゃっくりです。しばらく続いていても、赤ちゃんは苦しくありません。そのうちにおさまります。生まれてからのいろいろな動きを、すでにおなかの中で練習しているのです。

 ふくらはぎがよくつるようになりました

このころから寝ているときなどにふくらはぎがつるようになるママも多くなります。つったときには足を伸ばして親指を手前に引っ張るとおさまります。カルシウム不足が原因ともいわれており、食事にカルシウムを多く含む食材を取り入れるようにしましょう。

妊娠6カ月

20 ～ 23週

健診で聞きたいことメモ

●

●

●

●

━━ 健診コラム ━━

超音波検査では赤ちゃんの動くかわいらしい姿が見られるため、ママ・パパも楽しみにしていることが多いはずです。でも、お披露目のためにだけ行っているのではありません。この時期からは羊水の量が適切か、胎盤の位置は分娩に問題ない位置についているか、へその緒がどの位置についているかなどをチェックしています。羊水の量は赤ちゃんの健康状態を表すもので、多過ぎても少な過ぎてもいけません。胎盤が子宮口をふさぐような位置についていると、大出血を起こす恐れがあります。へその緒が胎盤の端近くについていると、赤ちゃんの体に圧迫されて酸素や血液が届きにくくなってしまいます。医師が「かわいいですね、元気ですね」と声をかけながらも、実はそんな大事なことを毎回、チェックしているのです。

赤ちゃんの大きさは頭の左右の長さや大腿骨の長さ、おなかの前後の長さ、おなかの横幅を測り、発育具合や推定体重を出しています。

Memo & Diary

- 胎動は感じた?

  初めて胎動を感じた日 　　　年　　　月　　　日

  そのときの感想

- 赤ちゃんに話しかけてみた? そのときの赤ちゃんの様子

エコー写真を貼りましょう!

妊娠7カ月

24〜27週

大きなおなかの影響が
出始めるようになる

このころの赤ちゃん

身長：約38cm
体重：約1100g

脳が発達して自分の意思で
体を動かすことができるよ
うになります。肺呼吸の準
備が始まり、味覚・嗅覚・視
覚も発達してきます。

ママの体の変化

あおむけの姿勢で寝るのが
つらくなり、おなかの圧迫
を感じる人が多くなります。
おなかが大きくなるのに伴
い皮下組織が断裂して妊娠
線ができやすくなります。
乳輪部の色素沈着も進んで
きます。

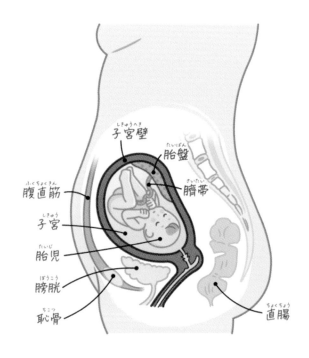

子宮壁

胎盤

腹直筋

臍帯

子宮

胎児

膀胱

恥骨

直腸

この時期に気をつけること

マタニティライフも半分以上が過ぎて、ママになること、赤ちゃんのいる暮らしなどが現実味を帯びてきます。しかし、ママと比べると現実感が薄いのがパパです。このころになると、胎動が強くなってくるのでおなかの赤ちゃんに積極的に話しかけるだけでなく、パパにもおなかを触ってもらいましょう。おなかの赤ちゃんを実感して父性をはぐくむことになります。ママは、まめに体を動かして体重増加をセーブしましょう。この時期は体内を循環する血液量が増えるので、体温が高くなり、汗をかきやすくなります。夏はもちろん冬も厚着をしたり、室温を上げ過ぎたりすると、不快になりがちです。エアコンの温度設定に気をつけ、過ごしやすい環境をつくりましょう。

くき先生（院長）

妊娠中期の最終月です。24週からは健診が2週間に1回の頻度となります。このころから血圧が高くなったり、尿糖が出やすくなったりするため、妊娠高血圧症候群や妊娠糖尿病を早めに見つけるのにこまめなチェックが必要になるからです。おなかの張りも感じるようになります。疲れたときは無理せずにすぐに休むようにしてください。

りささん（事務長）

おなかの張りが始まるようになりますが、心配な張りかどうか気になってしまいますよね。最近は、スマホで何でも調べられるので、そんなときもネットの情報に頼りがちですが、自分とまったく同じ状況とは限りません。取り越し苦労だったということになってもよいので、心配なときは産院に電話をしてみてください。

妊娠7カ月

Point

食事量は妊娠前と同じくらいで

この時期は赤ちゃんの成長も著しいので食事の量が以前と変わらないのに体重はどんどん増える人も少なくなく、戸惑うことも多いようです。食事量は基本的には妊娠前と同じくらいでOK。鉄分やカルシウム、葉酸、食物繊維をしっかりとりましょう。朝食と昼食をメインにして夕食を控えめにし、深夜は避けるべきです。

赤ちゃんのいる暮らしをシミュレーション

赤ちゃんを迎える準備を整えていきましょう。部屋の大掃除をじっくりできるのも、この時期です。生まれたばかりの赤ちゃんが清潔で安全な場所で過ごせるよう、赤ちゃんのスペースを前もって用意しておきます。また、仕事をしている場合は、産休や育休のスケジュール、パパの育休、保育園への入所申し込みなど、比較的ゆとりのあるこの時期に準備しておきます。

チャイルドシートの準備を

赤ちゃんの成長が進むと、ベビーグッズをたくさんそろえたくなるものですが、まず用意しておきたいのはチャイルドシートです。産院から赤ちゃんを無事に連れて帰るのに欠かせないもので、初めてだとうまく使えないことも多いのでしっかりとシミュレーションをしておきましょう。あとは赤ちゃんがおうちで過ごすベビーベッドなど最低限のものを準備すれば十分です。赤ちゃんが帰ってきてから少しずつ必要なものをそろえていきましょう。

切迫早産と言われたら安静に

赤ちゃんが妊娠22〜36週までに生まれた場合は「早産」というようになります。早産につながる恐れがある状態を切迫早産といいますが、それはおなかの張りや痛み、出血などがサインです。自分の体に意識を向け、おりものが増えたり普段より頻繁におなかが張ったりしていないか気にしておくことが大切です。

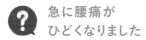

Q&A

❓ 急に腰痛が ひどくなりました

おなかが前にせり出してくると、バランスを取ろうとして背中を反るような姿勢になり、腰痛を招きます。腰痛に対しては、専用の骨盤ベルトもあります。無理に自分で治そうとせず、整体スタッフなど専門家に相談してみるとよいでしょう。

❓ 動悸・息切れが 起こるようになりました

全身の血液循環量が増えるということは、その分、心臓へも負担が増えているということです。階段の上り下りをしたときなど、動悸・息切れをしやすくなってきます。その場合は深呼吸をして、休めるところを探してください。ひどい貧血によって起きていることもあるので、たびたび起こるときは主治医に相談を。

❓ 適度な運動とは どの程度をいいますか?

健診では「適度な運動を」と言われがちですが、トレーニングをするわけではないので、体に無理のない有酸素運動(マタニティビクスやヨガなど)を行います。つい夢中になってしまいそうな試合形式のもの、力が入ったときに息を止めてしまうものは避けます。おなかが張ったり体調がよくなかったりするときは中止して体を休めてください。

❓ 胃が圧迫されて あまり食べられません

大きくなったおなかが胃を圧迫している状態です。後期づわりともいわれますが、妊娠初期のつわりのときと同じように、食事は少量ずつ回数を増やしてとるとよいでしょう。

妊娠7カ月①

24 〜 25週

健診で聞きたいことメモ

-
-
-
-

健診コラム

このころからおなかがどんどん大きくなっていきます。大きなおなかは
ママの体への負荷も増すために、妊娠高血圧症候群や妊娠糖尿病にな
りやすい時期に入ってきます。妊娠高血圧症候群については血圧測定
で血圧が高くなっていないか、尿検査で尿たんぱくが出ていないか、体
重が急激に増えていないかで判断し、可能性がある場合は、肝機能や腎
機能の検査も行ったうえで、診断されます。妊娠32週未満で発症した
場合、重症化しやすいといわれています。高年妊娠、肥満、高血圧、腎
臓病などの持病がある人、過去の妊娠で妊娠高血圧症候群を発症した
ことがある人はリスクが高いため、妊娠初期から注意深く観察を行いま
す。当てはまる人は主治医の指示に従って、しっかり予防をしていく必
要があります。

Memo & Diary

- 食欲の変化

- 散歩で新たに発見したお気に入りの場所は?

- 赤ちゃんの部屋の準備は始めた?

エコー写真を貼りましょう!

妊娠7カ月②

26〜27週

健診で聞きたいことメモ

-
-
-
-

健診コラム

妊娠高血圧症候群とともにこの時期からリスクが高まるのが、妊娠糖尿病です。健診の尿検査で尿糖が続けて出ていて、初期健診の血液検査でも血糖値が高く出ている場合は、ブドウ糖負荷検査を行います。この検査は、半日以上の絶食をしたあとにブドウ糖を溶かした検査薬を飲み、30分後、1時間後、2時間後の血糖値を測るというものです。これらが基準値を超えると妊娠糖尿病と診断されます。以前は妊娠するとおなかの赤ちゃんに栄養をとられがちになると考えられていましたが、飽食の時代になって低栄養になることは考えられなくなりました。さらには、妊娠糖尿病自体が、妊婦さん・胎児・生まれた赤ちゃんにまで影響を与えることが分かってきたため、2010年ごろより診断基準が変化してきました。

Memo & Diary

- 超音波検査で赤ちゃんの顔は見えた？

- 赤ちゃんの性別は分かった？　分かったときの感想

エコー写真を貼りましょう！

妊娠8カ月

28 〜 31週

貧血予防のため鉄分をとり
散歩や入浴で血行の促進を

このころの赤ちゃん

身長：約43cm
体重：約1700g

脳が発達して自分の意思で体を動かすことができるようになります。生きていくのに最低限の体の機能は整い、万が一体外に出ても生きていける可能性が高まります。

ママの体の変化

おなかが大きくせり出して足元が見えにくくなる人も多くなるので階段や段差に注意しましょう。体を循環する血液量は妊娠前の1.5倍くらいに増え貧血が起こりやすくなるので鉄分を含む食品を積極的に摂取し、むくみ予防のために適度な散歩や入浴で血行を良くしましょう。

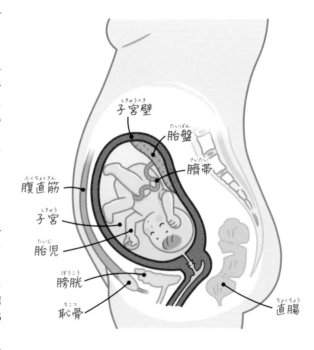

子宮壁

胎盤

臍帯

腹直筋

子宮

胎児

膀胱

恥骨

直腸

この時期に気をつけること

8カ月から妊娠後期に入ります。通院の回数も増え、大きなおなかをながめていると、出産が近づいてきたことを実感することが多くなります。

ママが毎日食べる食べ物が赤ちゃんの細胞をつくり、赤ちゃんの体をつくります。赤ちゃんの発育のためにも、栄養バランスのよい食事をとるようにしましょう。

赤ちゃんは羊水を肺に取り込み、横隔膜を動かすなど、外に出たときに呼吸する練習をしています。さらにパンチやキックでさかんに手足を動かし、ママは胎動をますます強く感じるようになります。なかには痛いくらいの胎動を感じる人もいるほどです。

くき先生（院長）

妊娠後期が始まります。出産に向けて子宮も準備し始め、生理的な張りといって、軽い子宮収縮が始まります。まだ練習段階とはいえ、張りが続いたり規則的になったりしたときはすぐに産院に連絡してください。子宮が腸や膀胱を圧迫するために便秘や痔になりやすい時期です。つらいときは健診時に相談してください。

りささん（事務長）

赤ちゃんを迎える準備も着々と進んでいるころですね。ベビーグッズは買っておくだけでなく、使い方まで知っておくことが必要です。特にチャイルドシートは産院から退院するときに必ずいるものなので、講習会などで知識を得ておきましょう。

Point

「常位胎盤早期剥離」の サインは?

常位胎盤早期剥離は、子宮壁の正常な位置に付着している胎盤が、分娩前にはがれてしまうことです。赤ちゃんは胎盤を通じて母体から酸素を受け取っているため、胎盤がはがれてしまうと命にかかわります。横になってもおなかの張りが続く、おなかが強烈に痛い、おなかが板状にかたくなる、性器出血がある、といったいつもと違う場合は、直ちに産院に連絡しましょう。

早産を予防しよう

長時間立っていたりすると、大きな子宮を支えていた骨盤底筋群が疲れておなかが張ることが多くなります。横になって休むのは、赤ちゃんのためにもなります。子宮収縮が激しいと、早産を引き起こす原因にもなります。赤ちゃんの肺機能は妊娠34週ごろより徐々に整い始めます。

「逆子です」と 言われたら

妊娠28週以降になると、逆子かどうかのチェックを行います。通常、赤ちゃんは頭を下にしていますが、逆子とは頭が上になっている状態です。逆子になっている場合、羊水量や胎児の状態から自然に直るか経過を見守ります。この時期はまだ回転しやすいので、毎回健診で逆子になっているのでなければ心配いりません。妊娠36週頃まで直らない場合は、帝王切開を検討していきます。

緊急時の連絡先の 確認を

赤ちゃんが生まれるのはまだ先ですが、切迫早産などで緊急入院の可能性も考えて、入院時の連絡先を確認し、段取りも考えておきましょう。時期がくればいずれ必要なので、早めに考えておいても無駄にはなりません。

Q&A

 ### 手がしびれます

妊娠中期から後期には、体内の血液量や水分量が増え、むくみやすくなります。むくみによって、手首の神経が圧迫されて手のひらがしびれた状態になります。妊娠によるものは産後解消しますが、産後になると赤ちゃんの抱っこや授乳などで手首に負担がかかり、原因は異なりますが引き続きしびれる場合もあります。

 ### おりものが増えました

おりものが増えるのは生理的な現象ですが、かゆみやにおいがあるときは感染症が疑われます。早産の原因になることもあるので、異変を感じたら受診して検査をしてもらいましょう。

 ### 便秘は大丈夫？

妊娠中は便秘になりやすいです。腹圧をかけると赤ちゃんが下がってきやすくなるため、過度な便秘は防ぐ必要があります。また、痔や脱肛になることも心配です。便秘が2、3日続くときには主治医に相談してください。

 ### 腰痛に湿布薬はOK？

湿布薬にもいろいろありますが、痛み止めの成分が含まれているものは、赤ちゃんへの影響が心配されます。使用したいときは主治医に確認してみてください。ほかにも、姿勢に気を配ったり、ストレッチをしたりして、薬に頼り過ぎないように心掛けましょう。

妊娠8カ月①

28〜29週

健診で聞きたいことメモ

健診コラム

妊娠後期に入ると、貧血になるママが増えてきます。最近では血液検査の項目のなかに貧血検査も含まれているため、あえてそのための特別な検査を行うわけではありませんが、このころからは特に貧血に注目していきます。血液検査のなかでヘモグロビン、ヘマトクリットの値が基準値未満の場合は貧血と診断され、鉄剤での治療が行われます。様子を見ながら注射薬や内服薬を使って行います。妊娠中は体内を循環する血液量が多くなり、どうしても貧血になりがちです。貧血がひどくなると、おなかの赤ちゃんがママの血液から十分な酸素を受け取りにくくなります。妊娠前から貧血気味という人は、貧血という検査結果が出る前から、対策を心掛けておくといいですね。

Memo & Diary

- ベビーグッズで買いたいもの、買ったものは？

  お気に入りのグッズ

  赤ちゃんに似合いそうなグッズ

- おなかが張るようになった？　心配なときは、日時と様子をメモしておきましょう。

エコー写真を貼りましょう！

妊娠8カ月②

30 〜 31週

健診で聞きたいことメモ

-
-
-
-

健診コラム

妊娠30週ごろから37週までの間に、つまりお産が近くなる前にGBS（B群溶血性連鎖球菌）の検査を行います。これは公費助成で行える検査です。GBSとは感染症の一つで、健康な人でも皮膚や腸に存在している常在菌です。妊娠中のママの体にも問題はありませんが、膣にこの菌がいる状態で出産すると赤ちゃんに産道感染する可能性が出てきます。免疫力の低い赤ちゃんですから感染すると肺炎や髄膜炎を起こし、危険な状態に至ることもあるので、注意が必要なのです。経膣分娩を行うときは、感染予防として分娩時に抗生剤の点滴を開始し、赤ちゃんへの感染のリスクを下げます。このように事前に陽性かどうかを知っておくことが必要なので、検査が行われます。検査は膣や肛門付近を綿棒で軽くこするだけの簡単なもので、結果は1週間くらいで分かります。

Memo&Diary

- 妊娠中や産後にもらえるお金、手続きの確認はできている?

- 産後すぐに必要なベビーグッズは用意できた?

  これから買うもの

  すでに買ったもの

- 産休に入る場合、仕事の引き継ぎはできた?

エコー写真を貼りましょう!

妊娠9カ月

32 〜 35週

おなかはさらに大きく、赤ちゃんの肺はほぼ完成

このころの赤ちゃん

身長：約47cm
体重：約2400g

妊娠9カ月の終わりごろには赤ちゃんの肺はほぼ完成します。髪や爪も伸びてきて、いよいよ人間らしい姿になります。

ママの体の変化

子宮はみぞおちあたりまで達し、体にかかる負荷がいちばん大きいころです。乳腺はさらに発達し、母乳がにじみ出てくる人もいます。骨盤の緩みで痛みを感じることもあります。

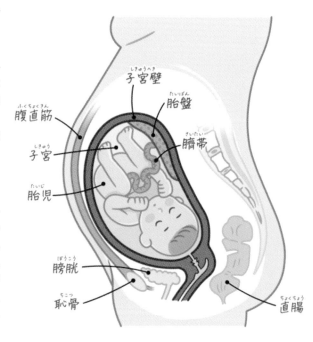

子宮壁

胎盤

腹直筋

臍帯

子宮

胎児

膀胱

恥骨

直腸

この時期に気をつけること

いよいよ来月は出産月です。出産のときにあわてないように、この時期は出産に必要な知識を整理しましょう。

お産のときにあわてると、呼吸がうまくできなかったり、体に余計な力が入ってしまったりすることがあり、赤ちゃんも苦しくなってしまいます。

赤ちゃんの名前が決まっていれば、おなかの赤ちゃんに話しかけてあげてください。赤ちゃんにはきちんと聞こえています。

人間の脳は心地よい音楽に癒やされるとリラックスし、α波が出るといわれています。ママがリラックスして、胎内環境を良くしてあげ、赤ちゃんと一緒に、残り少ないマタニティライフを楽しみましょう。

くき先生（院長）

母乳がにじむようになったり、恥骨のあたりが少し緩んできたりするなど、体が出産に向けて着々と準備を始めていることが分かるでしょう。おなかが大きくて不快な症状を感じることは増えますが、赤ちゃんに会える日が近づいてきている証拠です。出産には体力も必要なので、可能な範囲でウォーキングなどもしておくとよいですね。

りささん（事務長）

臨月に入るとあわただしくなるので、愛すべき大きなおなかの姿を今のうちに楽しんでおきましょう。マタニティフォトを撮っておいたり、余裕のあるうちに赤ちゃんの名前を絞り込んだりしておくのもよいですね。子どもが小学生になると、名前の由来を発表するという授業があります。誇らしく話してあげられる名前を考えましょう。

妊娠9カ月

Point

 ### 破水に注意しよう

破水は赤ちゃんを包む卵膜が破れて中の羊水が流れ出ることで、本来はお産開始後に起こりますが、その前に起こるのが前期破水です。子宮内感染を引き起こす心配があるので、すぐに受診しましょう。なお、この時期になると子宮が膀胱を圧迫するため、尿漏れも起こしやすくなります。尿漏れと破水の区別がつきにくいので、注意が必要です。

 ### 貧血が起こりやすくなります

妊娠中は赤ちゃんを育てるために大量の血液が必要になります。赤血球をつくるのが追いつかず、血液が水っぽくなり、貧血になるママが多いのです。赤ちゃんには優先的に栄養が送られているため、発育に影響はありませんが、ママは疲れやすくなったり、立ちくらみが起こりやすくなったりします。つらいときは鉄剤を処方してもらいましょう。

 ### 毎日、胎動をチェックしよう!

胎動から赤ちゃんの元気な様子を知ることができます。妊娠32週からはできるだけ毎日、胎動チェックをするようにしましょう。ゆったり落ちついているときのほうが、赤ちゃんの動きがよく分かります。赤ちゃんが1回目に動いた時間をメモし、10回動くのにかかった時間をチェックして赤ちゃんの変化に気づきましょう。

 ### ママ不在の間の手配を

里帰り出産をする人はママの不在期間が長くなります。しない人でも上の子やパパのことなど、考えておくことがたくさんあります。本書ではp.102にパパのTO DOリストを用意しました。早めにきちんと決めておけば、ママは自分の出産や赤ちゃんのことだけに集中して、心配や気掛かりも減るはずです。時間の余裕があるうちに、パパとも相談しておきましょう。

Q&A

帰省時に
飛行機に乗ってもよい?

体調に問題がなければ乗ってもよいですが、妊娠36週を過ぎての搭乗は事前に手続きが必要です。里帰りに飛行機を使う場合は遅くとも35週までに。双子の場合や過去に早産経験のある場合なども、搭乗に制限があることがあります。こまめな水分補給や適度に身体を動かすことも意識してください。

出産が漠然と心配

母親教室を活用したりして、少しでも不安を解消しましょう。医師や助産師たちがしっかりサポートしてくれます。また、急に陣痛がきたときに備えて、入院するときのことをシミュレートしておくことも、心配な気持ちをやわらげる方法の一つです。

胎動で目が覚めます

赤ちゃんは寝たり起きたりのリズムを繰り返していますが、そろそろ生まれたあとのリズムに近くなってきます。産後は夜中でも起きて授乳をする生活が始まりますから、赤ちゃんとママが一緒に練習していると思ってくださいね。

ヘアカラーは大丈夫?

これまでヘアカラーで頭皮がかぶれるなどの問題がなければ大丈夫です。妊娠中は肌がかぶれやすくなることもあるので、事前にパッチテストを実施しましょう。仰臥位低血圧症候群になる恐れがあるため美容院では同じ姿勢で長い時間過ごすことのないよう、ときどき休憩を入れてもらってください。ヘアカラーの成分に不安がある場合は控えましょう。

妊娠9カ月①

32〜33週

健診で聞きたいことメモ

- ●
- ●
- ●
- ●

健診コラム

里帰り出産をする人は、妊娠9カ月のうちに里帰りをしておくことをおすすめします。出産する病院の医師やスタッフがママの体の状態をよく把握できますし、ママ自身も医師やスタッフと顔なじみになってリラックスしてお産に臨めるからです。妊娠9カ月に里帰りすれば5〜7回は転院先で健診を受けることができ、安心です。

里帰り先でも当初の健診助成券を使えますが、病院の窓口で一時立て替え払いになる場合もあります（償還払い）。里帰り前に各自治体に確認をしておきましょう。

※償還払い…いったん自費で健診費などを支払い、出産後に手続きをすることで助成分が返ってくる制度のこと。

Memo & Diary

- マタニティフォトは撮った？ 撮ったときの感想

- 赤ちゃんの名前候補は決まった？

  現在の名前候補

- 留守中の手配はできた？ このあと必要なこと

エコー写真を貼りましょう！

妊娠9カ月②

34 〜 35週

健診で聞きたいことメモ

- ○
- ○
- ○
- ○

健診コラム

産院によっては立体的な動画が見られる4D超音波検査が行われるところもあります。このころになると赤ちゃんは大きく成長するため、超音波検査では全身が入りきらなくなります。ただ、脂肪がついてふっくらし、表情が出てきた赤ちゃんの顔を見るのにはとてもよい時期です。ほほえんだような表情をしたり、顔をゆがめたり、顔の近くに手を持ってきて目隠しをするようなしぐさをしていたりと、まるで目の前で見ているかのようです。ママ似かパパ似かと見ているだけでわくわくしてきますね。その画像や動画を自分のスマホで撮影してもらったり、産院が用意したデバイスに録画してもらったりでき、妊娠中の貴重な思い出になります。10カ月に入ると羊水の量が減るため、顔がはっきり見える機会が少なくなります。

Memo & Diary

- 3D (4D) 超音波写真は見た？ 見たときの感想は？

- 里帰り出産をした人へ、離れているパパに伝えたいことは？

- 今、赤ちゃんの胎動の様子は？

エコー写真を貼りましょう！

妊娠10カ月

36 〜 39週

赤ちゃんが下がり始め
出産もいよいよ間近

このころの赤ちゃん

身長：約50cm
体重：約3000g

すべての臓器が完成し、
ふっくらしたピンク色の肌
になります。出産に備えて
あごを胸につけ、体を丸め
た姿勢になります。

ママの体の変化

赤ちゃんが下がってくるの
で胃や心臓への圧迫が減
り、食事もとれ、動悸・息
切れも少なくなってきます。
一方で骨盤周囲への圧迫が
大きくなってきます。不規
則な子宮収縮も起こるよう
に。

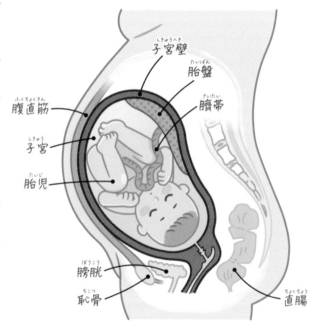

子宮壁
胎盤
腹直筋
臍帯
子宮
胎児
膀胱
恥骨
直腸

この時期に気をつけること

もうすぐ、かわいい赤ちゃんとの対面です。10カ月もの間、おなかの中ではぐくんできた命と、ようやく会うことができます。

ベビーウエアやベビー布団はすぐに使える状態にし、赤ちゃんの過ごす部屋も整えておきましょう。

お産はいつ始まるか分かりません。体調も整え、陣痛が始まってもあわてず落ちついて行動できるよう、入院準備の荷物も持ち出しやすい場所に置いておきます。

連絡先や連絡方法、病院までの交通手段をシミュレーションし、パパと入院中のことを話し合っておきましょう。お産のサインは陣痛、前期破水など人によって違います。兆候があったらすぐに病院に連絡しましょう。

くき先生（院長）

陣痛の予兆のような張りも増え、それが出産につながるものなのか心配することも増えるかもしれません。分からないこと、不安なことがあればいつでも産院に電話してみてください。出産は一人で立ち向かうものではなく、応援してくれる人がたくさんいます。体の力を抜いてリラックスして過ごしましょう。

りささん（事務長）

いつ出産になるか分からないドキドキ、よく分かります。いつでも産院に行ける範囲内にいれば、気分転換の散歩に出かけたり、赤ちゃんの肌着やウエアの水通しをしたりすると、出産の準備にもなり、気も紛れます。入院準備のバッグも用意できていれば、あとは待つだけです。出産は赤ちゃんがママに会いたくなったタイミングで始まるはずですから。

妊娠10カ月

Point

 前駆陣痛が始まります

妊娠10カ月に入るころから、不規則な張りや痛みを感じるようになります。気がつくと消えていたというもので、これを前駆陣痛と呼んでいます。陣痛が不規則なまま出産になることはないので、これはまだ練習と思って、楽な気持ちでいてください。

 37週から正期産です

37週から「正期産」といって、赤ちゃんがいつ生まれても大丈夫な期間に入ります。赤ちゃんの体もママの体も、出産の準備が整っている状態になっているからです。体の準備は万全なのですから、このあとは流れにまかせるというゆったりとした気持ちで過ごしましょう。また、パパともいつでも連絡を取れるようにしておきましょう。

 出産の始まり

出産がどのように始まっていくかは、体の出すサインでだんだんと分かってきます。どこが始まりなのだろうと心配になる人も多いと思いますので、おなかの張りを感じたら、時刻をメモしてみてください。記録を続けているうちに10分間隔程度で規則的になったらそれが出産の始まりの合図です。

 出産予定日当日に 生まれるわけではありません

赤ちゃんは出産予定日当日に生まれることのほうが少なく、予定日はあくまで目安です。多くは予定日の1週間後までには分娩を迎えます。健診を受けながらそのときを待ちましょう。赤ちゃんとママの体の状態はこの間、しっかりチェックしていますから安心してください。

Q&A

❓ 食べ過ぎてしまいます

赤ちゃんが下がってきて、胃の圧迫が取れてくると急に食欲が出てくることがあります。それは分娩が近い合図。急激な体重増加は出産が長引くなどのリスクが増えるので食べ過ぎには注意！　ゴールまであと少しです。

❓ 尿漏れするようになりました

赤ちゃんが大きくなって膀胱を圧迫するので、尿漏れは多くのママが経験しています。あせらず落ちついて、尿漏れパッドを使うなどして対応しましょう。

❓ 入院時、自分で運転してもよい？

普段から運転に慣れていても入院のときは控えてください。パパや実家のご両親などが確実に運転してくれる保証がなければ、このときのために、確実に手配できるタクシーを探しておくなどの準備をしておきましょう。

❓ 夜中に何度も起きてしまいます

夜中に頻繁に目が覚めてしまうのもよくあることです。大きなおなかで寝苦しいでしょうし、お産が近づいたときのホルモンの影響で交感神経が優位になって眠りが浅くなっていることもあります。イライラせず、また眠いときに寝ればよいくらいの気持ちで過ごしましょう。

妊娠10カ月①

36週

健診で聞きたいことメモ

a _____

b _____

c _____

d _____

健診コラム

妊娠10カ月に入るとNST（ノンストレステスト）という検査が行われます。これは赤ちゃんの心拍と子宮の収縮の様子を確認するための端子をおなかに巻いたベルトに装着するもので、40分程度かけて行われます。時間をかけているのは、赤ちゃんは20分おきに寝たり起きたりしているため、短時間ではずっと寝ている場合があるからです。赤ちゃんの心拍数と子宮の収縮具合はグラフで表され、記録紙が出てきます。この間、赤ちゃんの力強い心音が聞こえていて、ママにはとても励みになります。検査の間、姿勢が苦しくならないかスタッフも確認していますが、つらいようなことがあれば申し出てください。名前のとおり、赤ちゃんにはまったくストレスのかからない検査です。

Memo & Diary

- 入院の準備はできた?

  これから用意するもの

- 入院の手段、段取りはOK?　これから必要なこと

エコー写真を貼りましょう!

妊娠10カ月②
37週

健診で聞きたいことメモ

-
-
-
-

健診コラム

ここからはもういつ生まれても問題ない時期に入ります。そろそろ陣痛の予兆のような張りも感じられるかもしれません。10カ月に入ると、妊娠初期以来の内診が再び始まります。ここからの内診は子宮口の開き具合、やわらかさや赤ちゃんの頭がどのくらい下りてきているかなどをチェックしています。それによって、お産がまだまだ先か、もうすぐかということがだいたい分かります。おなかの張りが頻繁で、お産の開始が近いかもしれないというときは、健診のときに最低限の入院グッズを持ってきておくと安心です。いざ入院となれば、残りのものは家族に持ってきてもらえばよいのですから。健診からそのまま入院となるケースもあるので、10カ月に入ってからの健診時は、いつ留守にしてもいいようにして家を出ることをおすすめします。

Memo&Diary

● ノンストレステストで赤ちゃんの心音をリアルタイムで聞くことができた?

心音を聞いたときの感想

● 赤ちゃんの部屋は準備OK?　これから用意するもの

エコー写真を貼りましょう!

妊娠10カ月③

38週

健診で聞きたいことメモ

- ⓐ
- ⓑ
- ⓒ
- ⓓ

〈健診コラム〉

赤ちゃんの頭が下がってくる時期です。内診検査により、赤ちゃんが生まれやすくなっているかどうかをチェックしていきます。赤ちゃんの頭の大きさと比較してママの骨盤の大きさが明らかに小さい場合は、赤ちゃんが産道を通れなくなります。特にママの身長が150cm以下の場合、そのリスクが高まるといわれています。内診検査の結果を聞きながら、赤ちゃんが下がってくるのをじっくり待ちましょう。

Memo&Diary

- 陣痛の間に行うリラックス法、グッズの用意はOK?

  これから用意するもの

- お産の進み方のイメージはできた?

  赤ちゃんと対面したらまず何と声をかけてあげたい?

エコー写真を貼りましょう!

妊娠10カ月④
39週

健診で聞きたいことメモ

-
-
-
-

健診コラム

この時期にいちばん気になるのが、お産の始まりが分かるかどうかです。どの段階で産院に連絡し入院するかは、そのときの体の状態のほか、自宅から産院までの距離にもよります。この健診では、そうした不安を残さず、主治医や助産師にたずねておくことが大切です。バースプランを立てている人は、もう一度医師やスタッフと確認するのもよいですね。内診後の出血がおしるしなのか迷うケースもありますが、そのときは産院に連絡して状況を伝えたうえで指示に従ってください。ここまできちんと健診を受けてきた人なら大丈夫です。病院スタッフに任せて、あとは安心してお産に臨んでください。

Memo & Diary

- いよいよお産です。目前の今の気持ちは?

- お産の始まり、分かるかな?

  体に変化があったら、日時や状態をメモしておきましょう。

- 入院グッズのほかに、軽食など、入院時に用意するものは万全?

  持っていくもの

  エコー写真を貼りましょう!

バースプランを描いてみよう

バースプランとは、自分がどんな出産にしたいか、具体的に考えることです。妊娠が分かったら早めに考えてみてください。産院によってはバースプランを書き込む用紙が用意されていることもあります。

まず、考えたいのは出産方法です。無痛分娩や計画分娩などあらかじめ希望していることがあれば、それができる産院を探す必要があります。里帰り出産を考えていれば、転院先の産院の確保も必要です。

そのほか、陣痛のとき、出産しているとき、出産したあとにしたいことがあれば、それをまとめていき、産院と相談しながら決めていきます。

Chapter.3

元気な赤ちゃんを
迎えるための出産準備

入院・出産のグッズを
準備しましょう

赤ちゃんグッズは見ているだけでも楽しいですが、
本当に必要なものを吟味して無駄なくそろえたいものです。
妊娠後期になったら入院グッズもそろえておくと安心です。

産院で用意されるものをまず確認

　出産の入院はまだ先と思っていても、切迫早産などで急に入院になることもあります。そのためにも、入院グッズは早めに用意し、バッグやスーツケースなどにひとまとめにしておくことをおすすめします。産院で用意されるもの、自分で持参するものとあるので、まずはそれを確認しておきます。ひとまとめにしたものは、あとでパパに持ってきてもらうことも考えて、置き場所を伝えておきます。

かわいさよりも洗い替えを優先して

　妊娠が分かってからというもの、いろいろなベビーグッズが目に入ってくると思います。特に赤ちゃんのウエアや肌着など、目移りしてしまったことでしょう。ただ、現実には新生児のうちに外出する機会は乳児健診くらいで、赤ちゃんは母乳やミルクを頻繁に吐き、おしっこやうんちで汚れることもとても多いものです。汚れたらすぐに着替えさせられるよう、洗い替えを多くそろえるほうを優先させ、ママの目を楽しませるかわいいウエアや肌着はほんの少しでよいと思います。そして、お世話に欠かせないガーゼのハンカチは多めに用意しておくと便利です。

入院準備リスト

通っている産院に問い合わせて、
それぞれ必要なものを調べてリストにしておきましょう。

☐ 母子健康手帳	☐ 印鑑
☐ 健康保険証	☐ 診察券
☐ ハンカチ／ティッシュ／ウェットティッシュ	
☐ マタニティパジャマ	
☐ 筆記用具／必要書類（入院誓約書・出生届など）	
☐ 携帯電話・スマートフォン＆充電器	

出産準備リスト

出産までに用意しておきたいものと
産後でも間に合うものを分けて考えると、用意しやすいです。

☐ ベビー服	☐ おむつ
☐ おくるみ	☐ ベビーバス
☐ ガーゼハンカチ	☐ 授乳ケープ
☐ 抱っこひも	☐ ベビーベッド

必要なものをリストアップして書き込みましょう！

☐
☐
☐
☐
☐
☐
☐

パパのToDoリスト

ママの入院中は、家のことや出産後に必要なものの準備などを
パパがサポートしてあげましょう。ママがパパに最低限お願いしたいことを
あらかじめリスト化しておくと、スムーズに準備が進められます。

日付	チェック	
0月0日	☐	(例)出生届を提出する
	☐	
	☐	
	☐	
	☐	
	☐	
	☐	
	☐	
	☐	
	☐	
	☐	
	☐	
	☐	
	☐	

お産が始まるよ！

36週を過ぎると、赤ちゃんがいつ生まれてきてもおかしくない
状況になります。お産が始まるサインは「前駆陣痛」と「おしるし」です。

前駆陣痛

前駆陣痛とは、陣痛の前に起こる不規則なおなかの張りや痛みのことで、ママの
体が赤ちゃんを産む準備を始めている合図。痛みはあまり強くなく、痛みが弱く
て気づかない人や、そもそも前駆陣痛が起きない人もいます。前駆陣痛から数時
間後にお産が始まることもあれば、数日経ってからの場合もあります。

おしるし

子宮口が開き始め、赤ちゃんを包む卵膜と子宮壁が収縮によって少しズレて起き
る少量の出血で、粘り気があります。色や量には個人差があり、おりものに血液
が混じった薄ピンク色から赤、茶色などさまざまです。
おしるしがあった場合は、あわてる必要はありませんが、まずは産院に電話をし
ましょう。

陣痛

子宮の規則的な収縮のことです。痛みはだんだんと強くなり、痛みの間隔も短く
なっていきます。10分ごとに規則的な陣痛が来るようになったときが陣痛開始で
す。赤ちゃんにもうすぐ会えるサインとポジティブにとらえましょう。1時間程度
続く場合は、産院に連絡してください。

破水

赤ちゃんを包んでいる卵膜が破れ、羊水が流れ出ることです。通常は分娩が進ん
で子宮口が全開のときに起こりますが、陣痛がなく破水が始まることもあります。
一気に羊水が流れ出る人もいれば、尿漏れと区別がつかないくらい少量の人もい
ます。「破水かな？」と思ったら、すぐに産院に連絡しましょう。

出産の流れを知っておきましょう

出産の流れやかかる時間は人によってまったく異なりますので、
ここでは大まかな流れを紹介します。

時期	分娩第1期（開口期）	
所要時間（初産の場合）	10 〜 12時間	
子宮口	0 〜 3 cm	4 〜 7 cm
陣痛	陣痛は8〜10分間隔	陣痛は3〜7分間隔
分娩期の過ごし方	約10分間隔で規則的な陣痛が起き始めたら出産の開始です。産院に連絡して入院になります。入院後は子宮口の開き具合、赤ちゃんの下がり具合、陣痛の様子をチェックします。陣痛のとき以外は食べたり動いたりと普通に過ごせます。	だんだん陣痛の間隔が短くなってきます。赤ちゃんは少しずつ体の向きを変えながら産道内を下りていくため、痛みの場所もそれに従って下がっていきます。楽な姿勢をとりながら、陣痛の痛みを逃しましょう。

	分娩第2期（娩出期）	分娩第3期（後産期）
	2〜3時間	5〜10分
8〜10cm	排臨／発露	児頭娩出／胎盤娩出

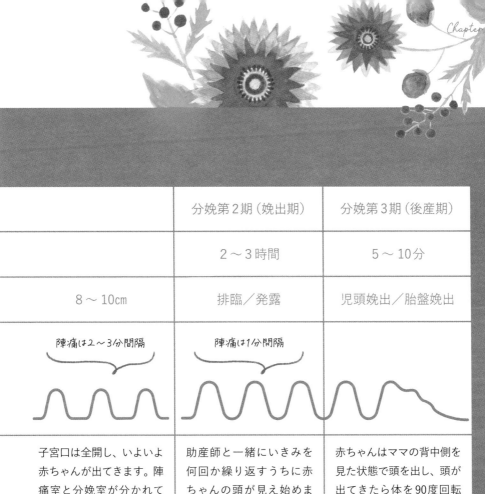

子宮口は全開し、いよいよ赤ちゃんが出てきます。陣痛室と分娩室が分かれている場合はここで分娩室へ。このタイミングで勢いよく破水することが多いです。助産師のリードで陣痛のときにいきみます。陣痛の合間は短いですが、赤ちゃんに酸素を送るためママは深呼吸を心掛けます。	助産師と一緒にいきみを何回か繰り返すうちに赤ちゃんの頭が見え始めます。頭が見え隠れしだしたときを「排臨」、見えたままの状態になったときを「発露」といい、発露の状態になったらいきむのをやめます。ここからは助産師の合図で一緒に「ハッハッハッ」という短い呼吸を行います。	赤ちゃんはママの背中側を見た状態で頭を出し、頭が出てきたら体を90度回転させ、片方ずつ肩が出てきて、最後に体がスルリと出てきます。いちばん大きな頭が出たあとは、ママはそのまま流れにまかせていれば大丈夫です。体全体が出てきたら赤ちゃんの誕生。赤ちゃんが出てほっと一息すると、軽い陣痛が起こり、胎盤が娩出されます。

陣痛を乗り切りましょう

楽な姿勢を探す

ベッドに横になっているとかえって痛みを強く感じたり、時間が経つのが遅く感じられたりします。自由に動いてリラックスできる姿勢を探してみましょう。

イスに座る

産院にある陣痛用のイスか、背もたれのあるイスに足を開いて後ろ向きに座れば、股関節が開き、赤ちゃんも下がりやすくなります。

よりかかる

ひざをついて丸めた布団などによりかかります。パパと一緒なら、座ったパパのひざの上にクッションなどを置いてよりかかるのも。

あぐらをかく

股関節が開くので、赤ちゃんが下がりやすくなります。

おしりを上げる

四つんばいになり、痛みが強くなったときにおしりを上げると、力が分散して痛みが少し緩和します。

陣痛は長く続きます。心身がリラックスできる姿勢を探したり、いきみをうまく逃したりしながら過ごしてください。陣痛室で便利なグッズも紹介します。

いきみ逃し

赤ちゃんが下がるにつれていきみ感が強くなりますが、子宮口が全開大になる前にいきんでしまうと産道が裂けてしまいます。いきみをうまく逃して過ごしましょう。

指圧してもらう

陣痛の波がやってきたら、ママが息を吐くときに親指や手のひらの下の部分で腰を圧迫してもらいます。

テニスボールに座る

あぐらをかいて座り、肛門のところにテニスボールを当て、体重をかけて強く圧迫します。

呼吸を数える

陣痛の波がきたら数を数えながら呼吸をします。いきみ感から意識がそれ、何回呼吸する間に陣痛が終わるのかの目安もつかめます。

腰や肩をさすってもらう

痛みをこらえようと腰や肩などに力が入ってしまいがちです。局所をもんでこりをほぐすというよりも全体をさすってもらって血行を促すマッサージが有効です。

出産Q&A

出産のときによく聞かれる質問をまとめました。
参考にしてください。

 会陰切開って何?

会陰とは膣と肛門の間とその周囲の部分です。赤ちゃんの頭が出そうになっているのに、この部分の伸びが悪いために分娩が進まないときは、はさみで切開をします。麻酔をして行いますが、このころのママは赤ちゃんのほうに意識が向いていて、切開による痛みなどはほとんど感じることがありません。

 **出産がなかなか
進まないときは?**

陣痛が始まらないときや、陣痛がなかなか強くならないときは陣痛促進剤を使う場合があります。使用するときはガイドラインに基づき、分娩監視装置をつけ、母子の状態に合わせて注意深く薬剤の量を調整しています。

 **無痛分娩では
痛みはまったくない?**

麻酔を使って陣痛の痛みを軽減する目的で行われるのが無痛分娩です。痛みの感じ方は人それぞれなので、まったく痛くないとは言い切れません。計画的に行われる場合は陣痛が始まる前に麻酔を投与するため、通常の痛みに比べれば大きく軽減されます。痛みが軽減していても子宮収縮や赤ちゃんが出る感覚は分かります。

 **パニックになりやすいので
心配です**

パニックになりやすい人は、陣痛でいきんでいるときも目を開けておきます。もし過呼吸になってしまっても助産師がすぐに対応してくれるので安心してください。パニック障害などの疾病をもっている場合は、帝王切開や無痛分娩などで医師と相談しながら出産への向き合い方を相談します。

❓ 帝王切開は いつごろ決まる?

逆子が直らない場合など前もって予定される帝王切開は、37週ごろに各種検査を行って日程を決め、手術は38週ごろに行うことが多いです。分娩直前や分娩中に母子の状態が悪くなったときは緊急的にその場で帝王切開に切り替わることもあります。

❓ 帝王切開は どんなふうに切る?

帝王切開は縦に切る場合と横に切る場合があります。赤ちゃんを安全に出す必要がある場合は縦切りを行うこともありますが、予定帝王切開を含めて最近は、傷口が目立ちにくい下腹部横切りにすることが多いです。

❓ 麻酔をしていても 産声は聞こえる?

多くの場合、下半身麻酔で行われるためママの意識はあり、赤ちゃんの産声は聞こえます。赤ちゃんのチェックを終えたあとは、対面も可能です。

❓ 帝王切開の傷は痛い?

麻酔薬のなかには少量の鎮痛剤が入っているため、術後すぐに痛みを感じることはありません。麻酔から覚めたときにまだ痛みがあるようなら、鎮痛剤を使います。翌日から痛みは徐々に減っていきます。

出産直後のママ

大変な出産を終えたあと、どのように過ごすのか、
流れを知っておきましょう。

カンガルーケア

ママの胸の上に裸のままの
赤ちゃんを乗せて、肌と肌
を直接合わせて抱っこする
ことです。産院によっては
出産直後に行うところもあ
ります。

分娩室で休む

出産直後は母体に異常が起
こりやすいため、そのまま
分娩台で2時間ほど休み、
助産師などのスタッフが健
康状態を観察しています。

入院室に戻る

分娩室で過ごしている間に
問題がなければ、入院室に
戻ります。後陣痛(産後の
子宮収縮の痛み)が強いよ
うならスタッフに伝えてく
ださい。

出産直後のママの体

出産後の子宮収縮がうまく
いかないと、大量出血を起
こすことがあり、兆候があ
ればすぐに対処する必要が
あります。また、分娩時の
圧迫で尿意を感じにくくな
るため、スタッフが定期的
に排尿を促してくれます。

生まれたばかりの赤ちゃん

生まれたばかりの赤ちゃんの特徴を紹介します。
出産前に赤ちゃんの様子を想像したり、産後に見比べたりしてみましょう。

頭

頭のてっぺんはペコペコしています。これから急速に大きくなる脳をおさめるため頭蓋骨の継ぎ目に余裕があるからです。1歳半くらいまでには継ぎ目が閉じます。

体温

赤ちゃんの体温は大人の平熱よりやや高めで、37℃前後です。入院中に赤ちゃんの体温測定がありますが、少々高めでも発熱しているわけではないので安心してください。

目

まだ視力はそれほどなく、30cm先がぼんやり見えるくらいです。胸に赤ちゃんを抱いたときに、ママの顔がちょうどよく見えています。

おへそ

へその緒は次第に乾燥して、産後1週間くらいで取れます。取れたあとがいつまでもジクジクしていたり、血がにじんだりしているときは産院に相談してみてください。

赤ちゃんが生まれた日を記録しよう！

Photo Space

年 　　月 　　日 　　時 　　分

身長: 　　　　cm ／ 体重: 　　　　kg ／ 男・女

Chapter.4

ママへ贈る
産婦人科医からの
メッセージ

産後うつって何？

出産後はだれでも心が不安定になりやすいものです。
これが一過性ではなく長期間続くと、産後うつにつながっていきます。

　　産後はブルーな状態になるママも多く、これをマタニティブルーと呼んでいます。原因はホルモン環境が激変することです。出産前は赤ちゃんを成長させ、妊娠を維持するためにプロゲステロンなどのホルモンが分泌されていました。しかし、胎盤の排出とともにそれは一気に低下して、代わりに母乳をつくるプロラクチンなどのホルモンが分泌されるようになるのです。ホルモンが変化すると精神状態にも影響が及ぶため、不安定になってしまうのは自然なことです。マタニティブルーであれば一過性のものなので、産後1、2週間も経てば落ち着いてきます。

　　少し心配なのは、その期間が過ぎても不安な気持ちが続く場合です。この状態は「産後うつ」と呼ばれます。次のページに、実際に産院など医療機関で産後うつかどうかを調べる際に使用している質問を掲載していますので、産後うつかもと心配な場合には、自分の状態とこれらの項目を照らし合わせてみてください。もしも当てはまる項目が多い場合は、医療機関に相談してみましょう。

　　退院後はいよいよ赤ちゃん中心の生活が本格的に始まり、激動の日々が続きます。自分の時間がなくなったり、眠くても寝られなかったりとストレスのかかりやすい時期でもあります。時にはママが「自分ばかりが大変で、パパは何もしていない」という気持ちになってしまうこともあるかもしれません。

　　家庭の問題と抱え込む必要はありません。自分たちだけで無理に解決しようとせず、医療機関や自治体・民間の相談窓口も積極的に頼ってみてください。

チェックリスト

- ☐ ① 笑うことができたし、物事の面白い面も分かった。

- ☐ ② 物事を楽しみにして待った。

- ☐ ③ 物事が悪いほうへいったとき、自分を不必要に責めた。

- ☐ ④ はっきりとした理由もないのに不安になったり、心配したりした。

- ☐ ⑤ はっきりとした理由もないのに恐怖に襲われた。

- ☐ ⑥ することがたくさんあって大変だった。

- ☐ ⑦ 不幸せなので、眠りにくかった。

- ☐ ⑧ 悲しくなったり、惨めになったりした。

- ☐ ⑨ 不幸せなので、泣けてきた。

- ☐ ⑩ 自分自身を傷つけるという考えが浮かんできた。

出典：エジンバラ産後うつ病自己評価票（Edinburgh Postnatal Depression Scale: EPDS）

助けてくれるところは
こんなにあります

赤ちゃんを抱えたママ・パパの生活の大変さが広く知られるようになったことで、
サポート体制は官民問わず、急速に拡大してきました。
妊娠中から情報収集しておくことが大切です。

　　妊娠中に二人で産後のことを細かく想像してみて、こんなときはどう
する? と考えられる案をできるだけたくさん用意しておいてください。
二人で解決できないことがあれば、それぞれの実家や頼れるサービス
もフルに使って、救いの道をたくさん確保しておきましょう。

　　これから長く子育てをしていく間には、二人で問題解決をしていかな
ければいけないことはたくさんあるはずです。産後クライシスを回避す
るためにしてきたことは、そのときもきっと役に立ちます。一つのプロ
ジェクトを遂行するつもりで、妊娠中から夫婦で意見交換をすることに
慣れておきましょう。

サービスは多岐にわたる

　　今は自治体でも「産後ケア事業」としてさまざまなことに取り組むよ
うになっていますし、民間でもこうしたサービスを行うところが急速に
増えています。ママが心身のケアを受けながら育児相談のできる「産後
ケアセンター」も増えました。日帰りも宿泊もできるところで、赤ちゃ
んを預けてママは休むことができます。自治体からの補助もあり、住民
でなくても里帰り先での利用も可能なところもあるので、妊娠中の動け
る時期に探してみてください。

産院に相談しておく

　　妊婦健診などで産院を訪れたときに、住んでいる地域ではどんなサ
ポートを受けられるか聞いておきましょう。産院でも地域の保健師と連
携しているので、前もって相談しておくことで、スムーズに必要なとこ
ろへつなげてもらえるはずです。民間の産後ケアについても情報をもっ
ているはずなので、アドバイスしてもらってください。

もしものために
書き出しておこう!

頼れるところリスト

自治体による産前・産後ヘルパー派遣事業

自治体で行っている事業で民間のヘルパーよりも手頃な料金で産前・産後にヘルパーを派遣してもらうことができます。自治体の事業の場合は、利用条件、利用回数に制限がある場合があるので、事前に確認が必要です。

(例) ○○市
　　　TEL：

民間の産前・産後ヘルパー派遣事業

民間の事業の場合は、利用制限がない代わりに料金も高くなりますが、自治体で利用範囲外になりやすい、家事代行や上の子の世話なども行えます。

自治体による産後ケア事業

自治体で行っている事業で、多くは産院や助産院などが業務委託で行っており、宿泊型、通所型(デイサービス)、居宅訪問の3種類のものを利用できます。育児相談、ママの心身のサポートなどを行っています。

民間の産後ケア事業

ママの心身の回復を図りながら、育児支援をする宿泊型の施設です。民間のほうは自治体による事業の内容に加え、エステ、骨盤ケア、ヨガなどママの心身をケアするサービスが充実しているところも多いです。

母乳外来

母乳に関する相談ができます。出産した産院になくても保健センターや助産院など地域に相談できる場所があるので探してみてください。

ベビーシッター、一時預かり保育所

働くママでなくても、少しの時間、赤ちゃんを預けてママが1人の時間を過ごすことも必要です。家族に預けられない場合は、民間で預かってもらえるところを探してみてください。

これからは赤ちゃんとの

　待ちに待った赤ちゃんとの新生活は、希望と不安が入り交じると思います。これまで気づかなかったたくさんのことを赤ちゃんが教えてくれる、すばらしい日々の始まりでもあります。

　それでも赤ちゃんのいる生活は不慣れなことも多く、時には弱音を吐きたくなることもあるでしょう。そんな時には、ママもパパも周りの人もお互いに理解しあって、気持ちを思いのままに吐き出してください。いっぱいいっぱいになりそうなときは、産後ケアも活用しながら迷わず第三者を頼ってください。出産した産院もその一つです。サポートしてくれる場所や人をすぐに紹介できます。

　自分たちで抱え込まず、必要なときには周囲を頼って、新生児ならではのかわいさをめいっぱい感じましょう。

暮らしが始まります

　たくさんのママと赤ちゃんを支える仕事をしながら子育てをしてきた私にとっても、産後もママがどんなに大変かは身をもって感じているところです。私自身、退院後の1カ月は昼も夜も曜日も分からないような、まさに文字通り目の回る日々を過ごしました。それでも子どもが大きくなって当時を振り返ってみると、たくさんの思い出がよみがえり、それだけ多くの感動を赤ちゃんがくれていたということに気づかされたものです。

　ママは子どもとともに成長していきます。子どもの年齢はママ歴と同じです。子どもが誕生日を迎えるたびに、ママとしての自分も一つずつ年を重ねるのです。子育ての最中には、かつて自分が親に言われていたことを自分が子どもに言っていることに気づいて、自分も親になったなぁという自覚が芽生える瞬間があります。このような子育てを通じた気づきは面白く、かけがえのないものです。

　大変なことも多いと思いますが、ぜひ子育てを楽しんでください。

Happy
出産式

　私たちのクリニックでは、退院時に
「出産式」というものを行っています。
ママにお疲れさまの気持ちをこめて、
無事に退院できることをお祝いすると
同時に、赤ちゃんが加わった新しい家
族の形を実感してもらうことを目的に
しています。育児が始まる前にこの時
間をもつのはとても大切です。

　ぜひ、このページを使ってご自宅で
出産式を行ってみてください。

Photo Space

ママ、パパ、出産おめでとう！
出産という大きなイベントを振り返り
赤ちゃんとかけがえのない日々を過ごす
スタートを切りましょう！

大好きな赤ちゃんへ ママとパパからのメッセージ

From ママ

From パパ

Hello Baby

Thank you for being born

命名書

――――――――――――――――――――――――――――

――――――――――――――――――――――――――――

年　　　月　　　日

Epilogue

　この本には妊娠・出産を楽しむために知っておいてほしいことと一緒に、ママが書き込めるページをたくさん作ってあります。これから何年か経って、ママ・パパとお子さんでゆっくりとページをめくっていくと、そこにはママ・パパがお子さんをどんなに思っていたか、そのときのお子さんの姿が次々と現れてきます。

　小学生になると授業の一環で、名前の由来やおなかにいたときのこと、赤ちゃんだったころのことを両親に聞くというものがあります。ただ話をして聞かせるだけでなく、そんなときこそ形に残せるこの本がとてもよい参考になるはずです。もう少しお子さんが大きくなって反抗期を迎えたとしても、優しくておだやかな気持ちが詰まったこの本を開けば、ママ・パパの気持ちも安らぐでしょう。お子さん本人に黙って渡してもよいかもしれません。たった1年弱の記録が、このようにこれから何年にもわたって家族を支えてくれるものとなることは間違いありません。

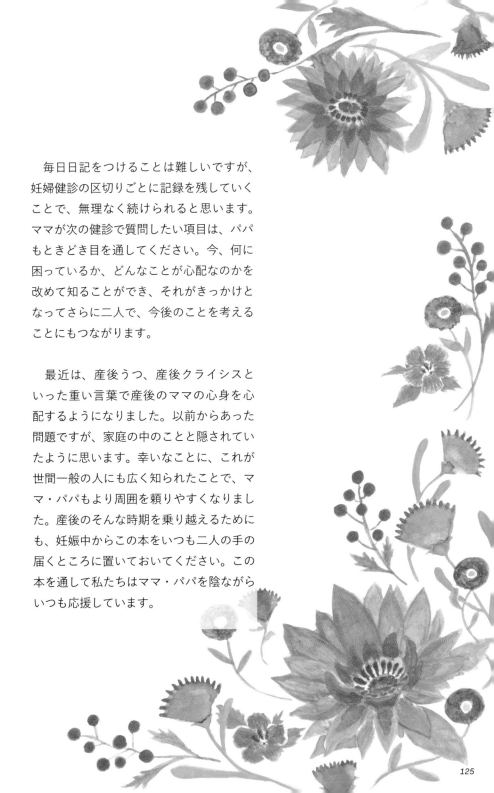

　毎日日記をつけることは難しいですが、妊婦健診の区切りごとに記録を残していくことで、無理なく続けられると思います。ママが次の健診で質問したい項目は、パパもときどき目を通してください。今、何に困っているか、どんなことが心配なのかを改めて知ることができ、それがきっかけとなってさらに二人で、今後のことを考えることにもつながります。

　最近は、産後うつ、産後クライシスといった重い言葉で産後のママの心身を心配するようになりました。以前からあった問題ですが、家庭の中のことと隠されていたように思います。幸いなことに、これが世間一般の人にも広く知られたことで、ママ・パパもより周囲を頼りやすくなりました。産後のそんな時期を乗り越えるためにも、妊娠中からこの本をいつも二人の手の届くところに置いておいてください。この本を通して私たちはママ・パパを陰ながらいつも応援しています。

Profile

友影九樹
ともかげ・くき

医療法人愛光会せきレディースクリニック
理事長・院長

1973年12月12日生まれ。2002年に東京医科大学
卒業後、金沢大学病院、金沢医療センター、福井
県立病院、札幌マタニティ・ウイメンズホスピタ
ル、荒木病院、いずみレディスクリニックに勤務。
2018年ひろレディスクリニック副院長に就任。
2019年医療法人愛光会せきレディースクリニック
を設立、理事長兼院長に就任。
日本産科婦人科学会認定専門医、日本生殖医学会
員、日本産科麻酔学会員、母体保護法指定医。

友影里紗
ともかげ・りさ

医療法人愛光会せきレディースクリニック
事務長

名古屋音楽大学卒業。2007年にNPO法人日本ベビーサイン協会認定講師として北陸初のベビーサイン教室を開講、300人以上の生徒を教える。2019年にせきレディースクリニックを開業。日本初のクリニックとママをつなぐアプリ「Maternity bouquet」や妊娠期を振り返り新しい家族の形を感じて退院するセレモニー「出産式」を作るなど「クリニック＆ママ、ママ＆ベビー」をモットーに活動している。
国際音楽療法専門学院 認定音楽療法士、一般社団法人日本マタニティフィットネス協会 ベビービクス＆ベビーヨガ認定インストラクター、セルフリンパマッサージ認定インストラクター、わらべうたベビーマッサージ研究会 認定インストラクター、NPO法人日本ベビーサイン協会 認定インストラクター、NPO法人日本グッド・トイ委員会 認定インストラクター。

Staff

装丁・デザイン
楯 まさみ（Side）

イラスト
荒木早良
川本まる／PIXTA
こゆき／PIXTA

写真
yuna／PIXTA
sayawork／PIXTA
なおちる／PIXTA
せんたろう／PIXTA
inana／PIXTA
alfataro／PIXTA
pu－／PIXTA
AFRC_296／イメージマート

本書についての
ご意見・ご感想はコチラ

妊娠期間を楽しく過ごす

マタニティハッピーブック

2023年11月29日　第1刷発行

著　者	友影九樹　友影里紗
発行人	久保田貴幸
発行元	株式会社 幻冬舎メディアコンサルティング 〒151-0051 東京都渋谷区千駄ヶ谷4-9-7 電話 03-5411-6440（編集）
発売元	株式会社 幻冬舎 〒151-0051 東京都渋谷区千駄ヶ谷4-9-7 電話 03-5411-6222（営業）
印刷・製本	瞬報社写真印刷株式会社

検印廃止
©KUKI TOMOKAGE, RISA TOMOKAGE, GENTOSHA MEDIA CONSULTING 2023
Printed in Japan
ISBN 978-4-344-94684-2 C0077
幻冬舎メディアコンサルティングHP
https://www.gentosha-mc.com/